巴菲特
给散户的9个忠告

永良◎著

照股神说的做，你不再是股市中任人收割的韭菜

黑龙江教育出版社

图书在版编目（CIP）数据

巴菲特给散户的9个忠告 / 永良著. -- 哈尔滨：黑龙江教育出版社, 2017.6
（读美文库）
ISBN 978-7-5316-9322-2

Ⅰ. ①巴… Ⅱ. ①永… Ⅲ. ①股票投资—基本知识 Ⅳ. ①F830.91

中国版本图书馆CIP数据核字(2017)第164684号

巴菲特给散户的9个忠告
Bafeite Geisanhu De 9 Ge Zhonggao
永　良　著

责任编辑	徐永进
装帧设计	MM末末美书
责任校对	张铁男
出版发行	黑龙江教育出版社 （哈尔滨市南岗区花园街158号）
印　　刷	保定市西城胶印有限公司
开　　本	880毫米×1230毫米　1/32
印　　张	7
字　　数	140千
版　　次	2017年 9 月第1版
印　　次	2017年 9 月第1次印刷

书　　号　ISBN 978-7-5316-9322-2　　定　　价　26.80元

黑龙江教育出版社网址：www.hljep.com.cn
如需订购图书，请与我社发行中心联系。联系电话：0451-82533097　82534665
如有印装质量问题，影响阅读，请与我公司联系调换。联系电话：010-69426437
如发现盗版图书，请向我社举报。举报电话：0451-82533087

前　言

Preface

作为股民，你，我，可以说，99.999%人都是散户，没有能力控制任何一只股票的价格。由于信息滞后、自身资金薄弱、对股市规律的无知等诸多原因，遭受损失是我们的家常便饭。可以毫不犹豫地说，我们散户就是股市中任人宰割的肥羊！

如何规避风险，在股市中分得一碗羹？巴菲特的投资理论最适合我们散户学习！

巴菲特是美国最杰出的投资家，2008年，根据《福布斯》杂志公布的全球富豪榜，巴菲特超过盖茨，跃居世界首富。2011年，在经济不景气的大环境下，巴菲特的财富依然高居第三。

2016年2月25日，《2016胡润全球富豪榜》发布，85岁高龄的巴菲特以4 500亿人民币位居第二。同年10月，《福布斯》杂志发布年度“美国400富豪榜”，巴菲特排名第三。而2017年3月20日，《福布斯》公布年度全球富豪榜，巴菲特又跃居第二，总资产高达756亿美元！

在巴菲特半个多世纪的投资生涯中，经历了美国国内多次的动乱、对外战争、三次石油危机、“9·11”恐怖袭击事件以及2008年席卷全球的金融危机，对社会环境高度敏感的金融市场，每一次都会掀起狂风暴雨，股市被搅得天翻地覆，在这些惊涛骇浪中，有无数的投资者顷刻间由亿万富翁贬为一无所有的穷光蛋，但是，巴菲特在面临这一次次危机的时候，都能绝地反攻，不仅及时躲避了股灾，还从中获得了巨额财富，这样的业绩，不得不令全世界佩服！

在美国，巴菲特被称为“先知”，在中国，他被喻为“股神”。一年一度的“巴菲特股东大会”被誉为“投资朝圣之旅”，备受全球瞩目，每年都吸引了数万投资精英亲临现场取经。尽管巴菲特不吝发表他的观点和看法，但很多人还是在不断猜测巴菲特成功的奥秘。事实上，巴菲特最大的秘密，就是他没有秘密。或者说，他的秘密摊开在太阳之下的——只不过很少有人能像巴菲特一样数十年如一日地坚持下去。

巴菲特真正的财富，绝不仅限于他拥有的亿万资产，而是他坚守了一生的投资理念。他总结出“大道至简”的投资哲学与方略，并通过不断执行来诠释其对于投资的正确性。他证明了股票投资不只是碰运气的游戏，而是一种更合理、更具体的事业——这不正是我们散户所追求的吗？

本书中将巴菲特的投资秘诀总结为九个方面，简明扼要地呈现在大家面前。对于尚处于喧哗与骚动中的中国企业界和中国资本市场，若能反复思考和借鉴，一定有所感悟、受益匪浅！

目 录

Contents

忠告 1

散户要修炼一颗平常心

——炒股就是炒心态

好的心态对于股票投资至关重要，这也是投资获得成功的必要条件。好的心态包括理智、自信、独立思考以及足够的耐心等。

态度决定一切

在2008年美国总统的大选活动中，我听到了最有趣的故事是罗姆尼问妻子安妮：“在我们都还年轻的时候，在你最狂野的梦里，是不是也没有想到我会竞选美国总统？”没想到，安妮的回答是：“亲爱的，我最狂野的梦里没有你！”

在1967年我们第一次涉足财险和意外险业务的时候，我们最狂野的梦里也没有我们现在的成就。

——巴菲特致股东函（2007）

巴菲特的这段话，虽然很诙谐但是仍然能够体现出大师的成功心态，敢于自嘲。善于自嘲，往往是理性乐观的心理表现，对待股市的良好态度也是成功投资者的必备武器。股市涨跌无常，人的心理因素在股市操作中起着很大的作用。

从1967年开始，巴菲特就已经把超过15%的年收益率视为“了不起”，把超过20%的年收益率看做是“不可能持续”，当超过40%时被列为“哈雷彗星撞击地球”。显然，巴菲特的梦不够狂野，也并不是一个合格的天文爱好者。

42岁的姜先生因为前些年投资股市差点血本无归，所以他曾经发誓不再涉足股市，但是面对“牛市”行情，再加上看到朋友投资股市获利，所以将自己用于买房子的20万元拿出来投资股市，第一天的大涨行情让其喜上眉梢，但是第二天，随着股市创下10年来单周最大跌幅，姜先生的神经也开始紧张起来，就连在开车时都不时走神。

像姜先生这样的人不在少数，不少新股民更是“想赢怕输”心态严重，导致每天神经紧绷，正常的工作都受到影响。实质上是我们太辛苦了，看看投资大师巴菲特的轻松心态，反而给他带来了惊人的财富。

在生活中，人与人之间生理上的差异是很小的，然而股票投资活动的结果却表现出天壤之别。面对同样布满风险的股市，有的人好像与风险绝缘，总是赚得盆满钵满，有的人却好像被风险缠身，钱是越炒越少。

有的人因炒股成为百万富翁，有的人却因炒股倾家荡产。许多投资者都有这样的体验，事前对行情有准确的分析，制定了科学的投资策略，甚至设置了止损点，但由于没有良好的心态，好的投资机会也会与你失之交臂。

心理学家发现，股市盈亏的秘密是人的心态。因为你的态度就是你真正的主人。股市实践反复证明，积极心态是规避风险获得财富的“护身符”，而消极心态则是获得财富的“丧门星”。要成为股市中的赢家，固然需要很多方面的素养，比如，技术分析能力、基本分析能力，但是，心态却是最根本的，没有良好的心态，分析能力再强，也不会成为股市的赢家，相反，即使分析能力一般，只要有积极的心态，也不会在股市中吃大亏。

投机心理要不得

总有一天伯克希尔会有机会把大量的资金再次投入股市，这点我们确信无疑，但是，就像歌里唱的那样：“不知何处？不知何时？”当然，要是有人想问你为什么现在股市如此疯狂，请记住另一首歌：“笨蛋总是会为不合理的事找理由，而聪明的人则避而远之。”

——巴菲特致股东函（1999）

当某一只股票价格暴涨时，人们听得最多的就是“一夜暴富”的神话，什么卖羊肉汤的都赚了几十万元，拉三轮车的也买了奥迪等传闻不绝于耳。很多人以为投资股市是一个易暴富的行业，越来越多的人前赴后继地加入这一行列，但是绝大多数人对这一特殊行业实际相当陌生。对于“股市有风险，入市需谨慎”的警语也当成了耳边风。人们都心存投机心理，想从暴涨的股市里大赚一笔。结果，从“奴隶”到“将军”的很少，多数成了“烈士”。当然，也不乏一些走运的人偶尔赚到了钱。但是，很不幸，他们不知道自己为什么会赚了。不知道怎么赚的，自然也就不知道什么时候会赔，总是心存侥幸，自然赚少赔多，自己被套牢。

其实，炒股本是投资并非投机，必须明确区分这两个词，才能把握好正确的心态，做好股票投资。

投资指的是长期持有股票，分享公司成长带来的收益。结合现在的市场发展情况，只要是持有股票一年以上的就可以算作是投资了。而投机则是股民通过二级市场的差价获取收益，持有股票期限相当短，甚至短到只支持一个交易日。一夜暴富对于绝大多数人是个梦想，真正天上掉馅饼的事情微乎其微，不要奢求自己的5万元能在一夜间变成50万元，想要投资股市，就要长期持有，选准股票坚持下去，所有的财富都是累积出来的。

巴菲特曾说过："如果你不愿意拥有一只股票10年，那就不要考虑拥有它10分钟。"巴菲特还说："我最喜欢持有一只股票的时间是永远。"巴菲特习惯于听取所属公司的经理人员汇报经营成果，而不是公司股票的短期行情。他认为，只要有潜力的公司权益资本预期收益令人满意，公司管理层诚实能干，股票市场并未高估该公司股票，他就很愿意无期限地持有这些公司的股票。当然，有时候，巴菲特也会卖掉那些价格合理或被低估的股票，这是由于他需要一笔资金购买其他低估程度更高或者低估程度相同但他更了解的公司的股票。

从投资历史也可以看出，能够在股市长期发展中取得好回报的，一定是那些长期持有好的企业股票的人。万科最大的个人持股者叫刘延生，1991年前后，他总共买了400万股，10多年这些股票一直伴随着万科成长，2007年时他手上的这部分股票市值已经突破了20亿元。很多时候，"坚守"是比"买入"更加考验投资成熟度的操作。能够在股市低迷时坚守优质股票的投资者都是有思想的，更是有毅力的。

2008年3月，我国著名经济学家、国务院发展研究中心金融研究所副所长巴曙松表示，巴菲特投资股市的收益约为25%，2006年和2007年，中国股民选一只好股并持有，收益都远远超过这个数字。但巴菲特数十年来可以做到平均每次投资收益这么高，而我们的投资者却不能。正因为他长期持有股票，直到该股达到制高点，才断然割舍。虽然他每次的收益不高，但因为没有投机心理，能够让自己逐渐积累财富，他获得的是最后的成功。巴菲特的股票投资策略启示投资者，即使在投资领域，“长相厮守”也远胜过“露水情缘”。

不要在不了解股票的时候，就贸然进入，每次花一点钱去买股票，每次都在祈祷老天能够眷顾自己，能够赢利。但是，即使你略懂股票，不去花心思研究，那么，上帝是不会原谅你的懒惰的。

在瞬息万变的市场上，建立良好的心态，靠的不是心理培训，而是长期的训练和实践，放弃那些关于投机暴富的不切实际的幻想，真正遵循价值投资的客观规律。毕竟，和消息、概念比起来，这些规律才是最可靠的。

战胜贪婪和恐惧

> 在大众贪婪时，你要缩手；在大众恐惧时，你要进取。当人们忘记“二加二等于四”这种最基本的常识时，就该是脱手离场的时候了。
>
> ——巴菲特在《财富》杂志上的讲话（1999）

人有生活上的陋习，做投资时一样有投资的陋习。生活上的陋习有不守时，过马路不遵守交通规则，贪小便宜，在公众场合讲粗话等。投资也会养成一些陋习，这些陋习甚至可以将投资结果完全改变，由成功彻底转为失败。

在投资陋习中，最为严重的两种是贪婪和恐惧。贪婪和恐惧不仅是人类的大敌，更是股市的大忌。在绝境之时恐惧，在顺境之际贪婪，这些都是人性中的糟糕弱点，但很多人明知道自己存在这些弱点，却无法克服自我，最终也无法取得成功。而那些能够理性、客观地把握市场，在渺茫中自信，在顶峰时急流勇退的人，才能成为成功的投资者。

2007年盛夏，全球股票市场正是火热时期，当时世界能源危机也在持续，就在“中国石油”被公认为是世界上最赚钱公司的时候，巴菲特却分七次将其所持有的中石油H股股票，在7～9月短短三个月的时间内全部抛售了出去。

就在巴菲特卖出股票的三个月内，中石油H股股价在他12元的减持价上，又飙升到了20元。这让巴菲特的形象大损，曾经一度遭到世界各国知名证券投资者的嘲笑，他们认为巴菲特是头脑发热的投资人。

但是，正当人们疯狂购入中石油H股，陶醉于未来绽放的美好情景中时，股市行情却发生了惊天逆转，全球股市在2007年7月演绎了最后的疯狂之后，股价开始急速下降。截至2009年元旦，美国股市从14 000点跌到8 000点，中国股市更是惨不忍睹，指数跌去70%，中石油H股的股价最后竟降到7元，甚至还有一段时间跌到了4元。

为什么巴菲特能够在绝大多数投资者疯狂和贪婪之时，仍能保持清醒的头脑？就是因为巴菲特从来不贪求太多，他心中很清楚，收益和风险是成正比的，收益越大，风险自然越大，这是个不变的规律。人们不能心存幻想，不能心存侥幸，贪求太多，反倒什么都得不到。

当然，反之，投资股票本来就是一个存在风险的事情，如果过于强调风险，凡事裹足不前，处处恐惧，就很容易错失投资时机。特别是在熊市的时候，我们有很多人一直盯住熊市中的不利，专注于股市中让人沮丧的信息，而忽略了此时其中的一些“有利”信息，结果判断就受恐惧感的影响而发生了扭曲。其实，即便在熊市，股价也会有上下浮动，瞅准时机熊市也能赚钱。每当股价下跌，变得便宜了，这时大家竞相购入，价格定然上升。

巴菲特在2000年中石油香港上市跌破发行价、最低1.10港元的低迷恐惧时刻，独具慧眼地发现了中石油的价值所在，买入23.48亿股，不久股价上升，他从中获利，这就是个生动的例子。

要想提高自己在股票市场的赢利概率，就要戒除恐惧心理。越是恐惧，结果越是输得更惨。我们既然投资股市，就要把资金当成筹码，不要再回头望。只要尽了我们最大的努力，分析、研究、运用适当的投资战略，对市场有充分的了解和认识，即使是亏，也会亏得心安理得，知道将来一定会有机会重新赚回来，不会每次都亏。

总之，心是投资的主宰，戒除了贪婪和恐惧的心态，没有了思想上的束缚，心灵自然会更加明澈，我们在买卖股票时，才能保证思路正确清晰，看事情更加客观。

有自制力才能取得成功

> 我们同样还面临这一项挑战，在有限的世界里，任何高成长的事物最终都会自我毁灭，如果在成长的基础较小的情况下，那么这项定律就会偶尔会被暂时打破，但是在基础膨胀到一定程度的时候，好戏就结束了，高成长最后就会被自己束缚。
>
> ——巴菲特致股东函（1989）

无限增长是不可能的，巴菲特曾经说过，他的投资行为，没有超出常人的能力范围。巴菲特之所以成功，与他强大的自制能力是分不开的，他从来不参与自己不能控制的事情。

投身股市，自制力是极为重要的。很多投资者出现失误不是因为他们不明白投资的原理，而是在于有时虽然明白的道理却做不到，根源就在于缺乏自制力。

比如一次，巴菲特参加了一场户外高尔夫运动，在三天内一杆进洞的成绩为零。于是，巴菲特的高尔夫球友们决定同他打一个赌：如果他不能一杆进洞，只需要付出10美元；而如果他做到了，可以获得20 000美元。当场的每个人都接受了这个建议，但巴菲特拒绝了，他说："如果你不学会在小的事情上约束自己，你在大的事情上也不会受到内心的约束。"

在40年的投资生涯中，巴菲特正是因为蔑视和回避了众多的市场诱惑，他才能躲过20世纪60年代的“电子风潮”，躲过20世纪80年代的“生物概念”“垃圾债券”，也躲避了20世纪末的“网络闹剧”。

对普通投资者而言，投资是一种自由度很大的投资行为，没有人监督、管理和限制你的操作，很多投资行为靠自己的决策和实施。具体到操作上，我们要依据客观现实控制自己的投资行为，不要让投资行为反过来控制自己的投资思路；在情绪上，要排除股市涨跌的影响、排除个人盈亏的干扰，控制自己的情绪，才能胜不骄、败不馁，这是获得成功的基础；在思维上，可以进行创造性的思维，可以运用反向思维，但不能人云亦云，要保持自己的独立思维；在节奏上，不需要像蜜蜂那样忙个不停，股市具有独特时令季节和快慢节奏，投资者在对整个大势走向有一定把握的情况下，要懂得准时参与、适时休息；在选股上，对于一些可能获取暴利，但风险奇高的个股要注意回避，如即将退市的股票等。稳健的投资者应该注意“安全第一”，不要参与超过自己承受能力的炒作。

此外，也不要给自己订下很高的赢利目标，因为过高的赢利目标会带来一定心理压力，而科学的投资目标能帮助你保持愉快的情绪和积极进取的心态。无论是低买高卖还是高买更高卖，他们都必须维持独立的思维，为了与众不同而做和大众相反的事是极其危险的。他们必须有合理的解释为何大众可能不对，同时预见采用相反思维所将引致的后果。长期以来，我们已习惯于“集体思维”，但投资需要不同的思维方式。如果大多数人都看好某股票，他们都已按自己的能力入场，还有谁来买股使股市继续升得更高？反之，如果大多数股民不看好股市，他们都已经脱手出场，那么股市的继续下跌区间也已不大。你如果随大流，则你将常常在高点入市、低点出市，你只能成为失败者。

但现实生活中能像巴菲特一样做到这一点的投资者不多，很多投资者在投资中往往都没有足够的自制力。当然，要培养自制力，就必须在平时投资时多思考，只有多想想国家的宏观面、股市所处的区域，才能更清晰地认识、理解这一市场。看大势赚大钱，只有站得高，才能望得远，要具备一种全局的战略性的投资眼光。

盲目跟风输多赢少

看到我们超高的报酬率，肯定大多数的投资者都会忍不住高喊着口号勇往直前。如果考量去年股市情况的话，你会发现任何一个投资人都靠着股票的飙升而大赚一笔。殊不知经过股市的狂风巨浪，又有多少人能够安全到达彼岸呢？

——巴菲特致股东函（1997）

在一群羊前面横放一根木棍，第一只羊跳了过去，第二只羊也跟着跳了下去，紧接着，第三只、第四只也会跟着跳过去。这时，把那根棍子撤走，后面的羊走到这里，仍然像前面的羊一样，向上跳一下，这就是所谓的“羊群效应”，也称“从众心理”。从众心理很容易导致盲从，而盲从往往会让自己陷入骗局遭受失败。

“羊群效应”也很容易出现在我们人类身上。最常见的一个例子就是在进行投资时，很多投资者很难排除外界的干扰，往往人云亦云，别人投资什么，自己就跟风而上。

“随大流”是人们的习惯，特别是在股市，这种现象更是随处可见。股市能够增加财富的效应，让很多人觉得遍地是黄金，发财的关键在于眼光和信息，于是，“宁可犯错，也不能错过”成为许多散户共有的心理，他们推崇身边的投资高手，盲目迷信各种来源的小道消息。张大妈就是盲目跟风的受害者。

“你说，我是存到银行，还是买股票呀？”刚刚拿到到期的定期储蓄存折，张大妈难掩兴奋的心情，询问邻居小李。看到周围很多人都通过炒股赚了不少钱，张大妈也跃跃欲试。

对股票一窍不通的张大妈选择向小李求助，因为她知道小李没事的时候经常玩股票。小李兴奋地支持张大妈炒股，说自己可以全权代劳。于是，从开户到选股，张大妈全权委托给了小李。然而，看到小李给自己选的股票价格连续5天下跌，张大妈傻了眼。

隔壁的老王也遇到了同样的状况，他说去年小李帮他选的一只股票现在已经退市了。这下可好，老王和张大妈都不停地抱怨小李没眼光。

听了两人的抱怨，金融专家钱教授说：“亏了也不能怪别人。投资决策得自己拿，投资风险也得自己担，不能光听别人的。”

这可给新入市的张大妈上了生动的一课——投资要自主决策、自担风险、自享收益。

的确，别人赚钱，你不一定赚钱。别人说好，对于你可能就不适合。巴菲特从不盲目跟风，他有自己的看法。2000年，全世界股市出现了所谓的网络概念股，一些亏损、市盈率极高的股票一沾上网络的边便立即身价倍涨。但巴菲特却不为所动，他称自己不懂高科技，没法投资。1年后全球出现了高科技网络股股灾，人们这才明白“不懂高科技”只不过是他不盲目跟风的借口。

但是，巴菲特不跟风，崇拜巴菲特的股民却跟风严重。“听别人推荐”和“随大流”是新入市者中普遍存在的两类现象。很多新手尚未掌握基本的投资知识就急于投资，并对周围一些获得较好收益的投资者、专业证券机构存在“崇拜心理”，在进行投资决策时都出现了仅听别人推荐就购买一只股票或追随大多数人购买同一只股票的情况。这正是投资者对自己的判断、决策能力缺乏信任的表现。要想树立自己对投资决策能力的自信，投资者就必须学习并掌握相关投资理财的知识。在不懂的情况下，或者没有深入研究时，最好不要盲目跟风。

现在“股神”巴菲特的投资理念已经被众多投资者所接受，甚至于追捧。虽然巴菲特的确创造了惊人的投资回报率，所取得的成就足以证明了其投资理念值得广大投资者去研究、学习。但是在实际学习中，尤其是中国的投资者，往往对其投资理念理解不够深入，更多地纠结于巴菲特又投资了哪些股票，盲目跟风严重。拿中国香港为例，近些年来，中国香港有不少股票都和巴菲特联系上了，凡是被传巴菲特投资该股票的，其大盘皆有不错表现。但是，这些消息扑朔迷离，有很多甚至就是纯粹的炒作。所以，投资者在面对巴菲特入股相类似的传闻炒作时，切不可盲目跟进，需在详细了解、分析相关上市公司基本情况后，再理智分析传闻属实的可能性，从而正确选择投资方式。即便传闻是真，也要考虑巴菲特买入时和现在价位的差距，根据自身的实力来决定。

另外，现在坊间流行的小道消息也同样值得投资者戒备。随着网络的普及，2007年以来入市的多是一些没有实际操作经验的新股民，他们最喜欢从各种网站的股票、基金论坛上捕风捉影，有的人甚至愿意花不菲的价格购买“机密信息”——这样就使很多人陷入了炒股只炒“代码和简称”的误区，一不知道上市公司的主营业务，二不了解公司的财务状况，只是凭借一些似有似无的小道消息贸然投入自己辛苦积攒的资金，结果损失惨重。对于这种小道消息带来的“羊群效应”，投资者还是避而远之为好。

冷静面对股市动荡，不要头脑发热，人云亦云。真理有时是掌握在少数人的手中的，当大部分人都疯狂购买所谓的“热股”时，不要再跟着去投资了，因为下一步的趋势就是变冷。很多人喜欢盲目地跟风随大流，因此导致了投资失败。要想在投资行业取得成功，必须先把基本功练好，学会利用市场信息去买进或者卖出，而不是随风向而动。

多份耐心，收获更多

我们以不变应万变的做法主要是反映在我们把股票市场当成是财富重新分配的中心，而钱通常由积极分子手中流到了有耐性的投资人那里。

——巴菲特致股东函（1991）

巴菲特是“能赚钱”的典型，而他能赚钱的原因，在于能够长期坚持投资理念，不因市场诱惑而改变。巴菲特认为，“投资要有耐心等待，只有等‘市场先生’犯错误，股票被严重低估时才买进。”

这说起来容易，做起来可需要很大的毅力，因为比买入和卖出更加困难的是等待，这个等待可能是非常漫长的历程。特别是看到别人轻松地快速赚钱，自己却一股不买，确实需要耐心。

巴菲特1973年和1974年进入股市，大量低价买入股票前，曾经耐心等待了三年之久。

1970年上涨3.9%，1971年上涨14.6%，1972年上涨18.9%，股市一路牛市，竟然持续了长达三年。终于1973年下跌了14.8%，1974年又大跌26.4%，这时，巴菲特高呼：投资股票的好时候到了。他“趁火打劫”大量买入，1975年股市大涨37.2%，1976年又大涨23.6%，巴菲特两年分别轻松大赚21.9%和59.3%。

1982年8月到1987年8月，标准普尔500指数从最低的102点上涨到最高的338点，5年上涨3倍以上，又出现一个大牛市。

看到这种情景，巴菲特在1987年初致股东的信中警告说：“当我在写这段文字的时候，整个华尔街还没有意识到一丝恐惧，反而到处充满了狂欢的气氛。是啊，有什么能比赶上一个大牛市更让人兴奋的呢？虽然公司的业绩增长已经缓慢不前，但大牛市的股价却照样狂涨，涨幅已经远远超过了企业的业绩涨幅。要知道，股价的增长不可能永远超越公司业绩的增长。”

巴菲特陆续把手中的股票卖掉，静静地等待下一个投资机会。1987年10月19日，股市暴跌，道琼斯指数一天下跌508点，与前日收盘相比一天下跌超过30%，创下历史上最大跌幅。巴菲特平安躲过了这一劫。

但就在1987年10月，股市暴跌后不久重新反弹。1987年底除了永久性持有的三只股票和短期套利持股之外，巴菲特并没有任何投资举动。他相信，市场先生一定会给他机会的，一旦机会成熟，就大量投资。

市场先生终于在1988年兑现对巴菲特的承诺，巴菲特瞅准时机，在1988年和1989年间，先后大量买入可口可乐公司股票，累计买入13亿美元，而在10年后，其买入的可口可乐公司股票升值到134亿美元，一只股票就赚了100多亿美元。

这些生动的实例，让我们看到了巴菲特的耐心。这份耐心，这份执着成就了“股神”巴菲特。

但是，我们很多股民通常一入市，总是迫不及待地想买进股票，没有考虑股市是否正处在高风险期，也没有考虑此时的股价是否偏高。等到买完股票，就一心盼着它快快上涨。若发现股票稍有下跌，就方寸大乱，失去耐心，急着出售。随后，又去买正在涨价的股票，但是，往往刚买进热股，股票就开始大跌，结果损失惨重。

其实，股市都有这样一个规律，没有只涨不跌的股票，也没有只跌不涨的股票。涨过了头，就一定要回档进行强制性调整，然后再重新上涨；跌得过多，也必然会调整，随后上升。

另外，股市中有这样一个规则，有一些大户炒作某只股票，为了顺利吃货，就会集中力量，在股价涨跌的节骨眼上售出股票，将股价压低，这样很多散户会被吓跑，大户就可以用低价买入，然后重新拉抬。所以，股票下跌时股民要多一分耐心，等待一下，看清形势，如果是整个大势真正转坏，再出售也不迟。稍有点风吹草动，或一些小道消息，耐心持股，即便被套牢，也一定会有机会解套。

有时候，股市就是一次耐心大考验，谁能多一分耐心，谁就能够赢利。缺乏耐心，频繁买卖，常常得不偿失。

为了能够让自己有耐心等待，巴菲特办公室里都没有安装电脑，也没有股市行情机。另外，巴菲特办公室远在偏僻的奥马哈小城，远离纽约华尔街，少了很多喧哗，多了几分平静。心平才能气和，这样思路才能更加清晰。我们也可以让自己所处的环境变得宁静一些，让自己的心情恢复平和，让自己的思路更清晰，更加理性。

遇到亏损不要沮丧自责

如果任何人想要研究1964年伯克希尔资产负债表的健全性，那么，他将得到和臭名昭著的好莱坞大亨一样的答案："放心好了，所有的负债都会如假包换。"

——巴菲特致股东函（1994）

由于投资涉及个人利益的得失，投资者因此长期处于极度紧张状态。如果赢利，还有一点满足感聊以自慰；如果身处逆境，亏损不断，甚至连连发生不必要的失误，很容易头脑发胀失去清醒和冷静。此时，最佳的选择是抛开一切，离市休息。等休息结束时，暂时盈亏已成过去，思想包袱也已卸下，相信投资的效率会得到提高。做股票需要有健康的心态，有一定的抗压能力，能够心平气和地对待得失，这样才不会让情绪影响自己的决策，才能更容易作出正确客观的决定，扭转逆势，重获新生。

任何人都不能保证自己不失误，况且股市涉及方方面面，变化瞬息万变，任何一个环节出错，可能导致出人意料的损失。即便是股神巴菲特，也同样投资失误过。

巴菲特自我披露，2008年是他接手伯克希尔·哈撒韦公司以来状况最差的一年，公司净收入下滑62%，账面损失达到9.6%，账面价值损失115亿美元。而造成这样巨大损失的原因，是自己未能预计到国际能源价格在2008年下半年时急剧下降，以至于他在油价接近历史最高位时，增持了美国第三大石油公司康菲石油公司的股票。

此外，巴菲特还坦言他在投资爱尔兰银行时犯下错误，出资2.44亿美元购买的两家爱尔兰银行的股票，到2008年年底，股价都纷纷狂跌89%。他戏谑道："我的投资组合原本想实现一个'便宜的买卖'，但形势的演变超出想象。当市场需要我重新审视自己的投资决策迅速采取行动的时候，我还在啃自己的拇指。"

可见，没有永远不失败的投资者。要把眼光放长远，经过冷静分析，认为自己的股票还有可能重新升值，就坚决持有。如果发现还会下降，那就果断售出。要给自己犯错的机会，只有经过失败，自己才能得到更好的锻炼，才能为以后的成功做好思想准备。想要成功就必须付出代价。所以，几次的失败，不要看得太重，这是很平常的事情。

另外，我们心中一定要给自己定一个成败的标准。不要随着市场股价的下降，就立刻抛售。有些人认为下降60个点算亏损，有人的股票即便下降80个点，也不认为是亏损。所以，一定要有一个自己的标准，这样，自己做决定持有还是售出时，就有了一个衡量的标准，不容易频繁地患得患失，影响情绪。

此外，还要有自救措施。必须在开始的时候就考虑周全些，谨慎些，不要一下子把全部资金投入进去，手头经常留有数量较大的备用资金。“如果经济状况欠佳，那么，第一步要减少投入，但不要收回资金。可以先投石问路。当重新投入时，一开始投入数量要小。”巴菲特如此告诫投资者。

最后，在理财时，使用自己的闲散资金，不要把应急的资金，或者保命的资金全投入到股市里，这样，哪怕损失，也不会影响正常生活。

不控制好自己的情绪很难获利

有效控制情绪，能让我的投资收益再提高30%。

——巴菲特

投资者就算具备了投资股市所必备的财务、会计等能力，如果他们在不断震荡的市道里无法控制自己的情绪变化，那么也就很难从投资中获利。

投资人若想建立面对股票市场的正确态度，就必须在心理和财务上作好充分准备，因为市场不可避免地会出现上下震荡，投资人不仅在股价上升时要有良好的心理素质，也要以沉稳的情绪来面对股价下跌，有时甚至是猛烈下跌的局面。若你有那样的心理素质，那么可以说你已经具备了99%领先其他投资人的心理素质，“真正的投资人从来不会被市场形势所迫而轻易卖出自己看好的股票，也不会关心短期的价格走势”。

在中国股市中，良好的心理素质对于抱牢你在低价位买进的绩优股票是非常的重要！而事实上，在中国股市这个非完全市场化的股票市场中，听消息、跟庄炒股票的非理性投机反而是最普遍的投资模式。许多人根本不对上市公司进行哪怕最简单的基本分析，只要一听说有消息就疯狂地买入或卖出。这样的情况在股市中经常发生。

在股票市场中，有些股民屡战屡败，屡败屡战。他们往往不从主观心态上找败因，反而诅咒专家太歹毒，怪罪股评家预测失误，甚至埋怨政府突发利空消息，生气上市公司业绩不佳。但是，他们从未认真思考一下，为什么在同样的市场条件下，还是有人赚到不少钱呢？

股票市场每天都充满各式各样的诱惑，要抵御这些诱惑，长期走自己既定的投资道路，就要靠是自身强大的自制力和自信心。贪婪、恐惧、幻想、奢望这些人性的弱点驱赶着一批又一批的股市弄潮儿置身股海，但最终游到大洋彼岸的却没有几个人。很多散户都沉迷于各种复杂的图表之中，因此经常要忍受着被自己选中的潜力股掀翻。

人常说：江山易改，本性难移。巴菲特认为，挑战股市心魔，确为极难之事。他说：只是希望自己与众不同，根本没有用。身为投资学家，我深知仅仅告诉某人要如何行动是不够的。

在股市中，什么都是容易变化的。因为科学技术日新月异地变化着；行业兴衰轮流交替的；国内外经济气候是瞬息万变的；政策措施也是经常调整变动的；黑马股也是变化得眼花缭乱的；股价也是随机漫步般地；股民的心态也是随时变动的。

股市是一个竞争激烈的赛场，战胜对手的前提就是先要战胜自己。可是现实中，好多投资者不是首先战胜自己、控制自己，而是都走在尽心钻研如何去战胜市场、战胜庄家这条虚无缥缈的不归路上，岂不知市场是永远不可战胜的，庄家也只是一个低位消化别人，高位被别人消化的一个投资体，股市的成败其实都在于自身。

行为金融学的研究成果告诉我们，身处股市中，我们必须在战胜市场之前战胜自己，不要过度迷信自己，要尽量避免常见愚蠢的错误，保持自制，保持理性的投资态度。

忠告 2

投资决策要在能力圈内

——不熟不做，不懂不买

投资者成功与否，与他是否真正了解这项投资的程度成正比。巴菲特在经营合伙公司期间，常有客户给他打电话，提醒他关注一些股票。但巴菲特每次的回答都一样：“这些股票我不了解，也不懂，我不会去买我不了解的股票。”

不要超越能力圈边界

> 投资者真正需要的是有正确评估所投资企业的能力，并不需要成为每个行业都懂的专家。投资者只需在你自己的能力圈范围内正确评估几只股票就够了。每个人的能力圈有大有小，但大小这并不重要，重要的是知道自己的能力圈边界在哪里。
>
> ——巴菲特致股东函（1996）

巴菲特认为，对于投资者来说，不了解所有行业的经营状况并不重要，重要的是要了解自己熟悉哪些行业，自己的能力圈有多大。投资者只需在自己熟悉的能力圈范围内挑选有价值的股票就可以了。

由于每个人的生活经验和知识能力有限，所以谁也不可能成为每个行业都知晓每个行业都精通的专家。有些人觉得因为自己不了解所有行业所有才投资失败，但巴菲特觉得，是否了解所有行业的发展状况并不那么重要，关键在于你要在自己熟悉的能力圈内投资。只要你的投资范围不超越自己的能力圈边界，那么懂不懂其他行业的知识对你的投资一点都没有影响。其实投资者要做的很简单：首先了解自己熟悉哪些行业，确定自己的能力圈范围有多大，然后在能力圈的边界内寻找具有投资价值的企业，在合适时机买入。

巴菲特是世界知名的投资专家，但巴菲特也并非对每个行业都精通。巴菲特曾经不止一次表示过，他对分析高科技公司不在行。1998年高科技股票风靡全球。在当年的伯克希尔公司股东大会上，股东们问巴菲特是否打算投资高科技公司，巴菲特幽默地说："这也许很不幸，但答案是不。"巴菲特说，他很崇拜安迪格鲁和比尔·盖茨，但是他不会购买英特尔和微软的股票。他觉得自己不了解高科技这个行业。

巴菲特说，在分析可口可乐公司时，他可以理性地预测出可口可乐公司未来10年的现金流量；但在分析这些高科技公司时，他无法预测出这些高科技公司未来10年的现金流量。如果连未来的现金流量都预测不出来还购买这些公司的股票，巴菲特认为这就不是投资而是赌博了。虽然很多人都在高科技投资上赚了很多钱，但巴菲特不会嫉妒，也不会沮丧。他觉得不懂高科技并不是一件多么丢人的事情。术有专攻，每个人有每个人擅长的领域。既然高科技不在他的能力圈范围内，那么他愿意远离高科技股票，而是继续和那些他了解的公司打交道，在自己有明显优势的领域内发挥自己的投资才能。

既然连股神巴菲特都无法精通所有行业，那么我们普通投资者也不必为了自己无法了解所有行业而沮丧。只要我们坚持只在我们的能力圈范围内投资，我们的投资风险就会更小，获得丰厚回报的可能性就更大。

业务是企业发展的根本

从这里我们又学到了一个教训：只有优秀的马搭配技术高超的骑士才能取得好成绩。如果马不好，再厉害的骑士也没有办法。像伯克希尔纺织公司也是才能兼备的人在管理，但很不幸的是他们面临的是流沙般的困境。如果将这些人放在资质更好一些的公司，我相信他们应该会有更好的表现。

——巴菲特致股东函（1989）

巴菲特认为，判断一家公司是否优秀，首先要分析的就是公司的业务。只有拥有好的业务，公司才能够有更好的发展。

很多人觉得公司中最重要的就是管理层。他们觉得一家公司只要拥有足够优秀的管理层，就可以转亏为盈，好上加好。以前巴菲特也这么觉得，后来经过伯克希尔纺织公司的教训后，巴菲特开始意识到一家公司最重要的是业务。业务就像赛马场里的马，管理层就像赛马场的骑士。如果想要在赛马场上赢得比赛，先决条件是必须有一匹好马。优秀的马配上技术高超的骑士，能够取得非常优秀的成绩；优秀的马配上技术一般的骑士，也能够取得比较不错的成绩；如果没有一匹好马，再优秀的骑士也无法发挥他们的本领，就像巧妇为无米之炊一样，最终的结果只可能是成绩也不好，反而坏了骑士的好名声。

巴菲特生平投资第一个错误就是买下伯克希尔纺织厂。而巴菲特犯错误的主要原因就是当时巴菲特没有把公司的业务看得很重要。其实当时巴菲特已经觉得纺织业是个高度竞争的行业。即便改进机器会促使商品生产率大幅提升，但好处只会落在客户身上，而厂家捞不到一点好处。在经济繁盛的时期，纺织业只能赚取微薄的利润。而在经济衰退期，纺织业就只能够赔钱。虽然巴菲特也任命了非常出色的管理层，可还是无法扭转乾坤。最终因为长期亏损，巴菲特不得已关闭了伯克希尔纺织厂。巴菲特后来这么描述他对伯克希尔纺织厂的投资："首先我所犯的第一个错误，当然就是买下Berkshire纺织的控制权，虽然我很清楚纺织这个产业没什么前景，却因为它的价格实在很便宜而受其所引诱。"

巴菲特收购斯科特公司也说明了业务的重要性。1986年，伯克希尔公司收购斯科特公司时，该公司拥有22个不同的业务，主要业务是世界百科全书、寇比吸尘器和空气压缩机，当时账面价值为1.726亿美元。伯克希尔公司花费了3.152亿美元收购了该公司。也就是说伯克希尔公司用1.426亿美元的溢价购买了斯科特的业务价值。后来的事实证明巴菲特的眼光没有错。被伯克希尔收购后，斯科特公司的经营业绩越来越好，原来就很高的股东权益报酬率又有了新的突破，让伯克希尔公司赚取了丰厚的回报。巴菲特后来非常自豪地说，通过支付这些溢价能够收购到一家业务简单易懂、发展前景良好的公司是非常值得的。

企业要发展，业务是根本。具有发展前景的业务是企业的饮水之源。投资者进行投资时，一定要首先观察企业的业务，然后再考虑其他因素。

业务内容首先要简单易懂

作为一名投资者，我们要做的事情很简单，就是以合理的价格买进一些业务简单易懂又能够在5～10年内持续发展的公司股票。经过一段时间，我们就会发现能够符合这样标准的公司并不多。所以一旦你真的碰到这样的公司，那就尽自己所能买最多份额的股票。当然在这期间，你要尽可能避免自己受到外界诱惑而放弃这个准则。如果你不打算持有一家公司股票10年以上，那就最好连10分钟都不要拥有它。当你慢慢找到这种盈余总能积累的投资组合后，你就会发现其市值也会跟着稳定增加。

——巴菲特致股东函（1996）

巴菲特认为，越是具有持续竞争优势的企业，其经营业务通常都越简单易懂。投资者在选择投资的企业时，最好选择业务简单易懂的企业。

在几十年的投资生涯中，巴菲特发现，经营赢利能力最好的企业，通常是那些现在的经营方式与5年前或者10年前几乎完全相同的企业。美国《财富》杂志的调查结果也验证了巴菲特的话。在1999年至2000年期间，《财富》杂志评出的世界500强企业中只有25家企业达到了这样的业绩：连续十年的平均股东权益回报率达到20%，并且没有一年的股东权益回报率低于15%。这25家企业在股票市场上也表现优异，其中有24家都超越了标准普尔500指数。令大家讶异的是，这25家企业中，只有几家企业是高科技和制药业，其他企业都是从事着普通的业务，出售着普通的产品，而且它们现在出售的产品几乎和10年前的产品没什么两样。

很多人会觉得纳闷，简单易懂的业务，人人都能做，怎么还能够产生高额利润呢？在巴菲特看来，非凡的经营业绩，几乎都是通过平凡的事情来获得的，重点是企业如何能够把这些平凡的事情处理得异乎寻常地出色。通俗地说，就是在平凡的事情中实现伟大的成就。像这些优秀的企业，它们几十年来只专注于某一领域，自然它们就有更多的时间和资金来改善生产技术、服务、生产设备等，它们的产品自然也会变得更加优秀。而且，它们的产品年代越久，就有越多的人了解它们，它们的品牌效应就会越明显。

业务简单易懂是巴菲特对投资企业的要求之一。在巴菲特的投资生涯中，大多都是业务简单易懂又极具持续竞争优势的企业。像可口可乐公司就是一个典型的例子。可口可乐公司的业务非常简单：可口可乐公司采购原料后，制成浓缩液，然后卖给装瓶商。装瓶商再把这种浓缩液和其他成分配合在一起，制成可口可乐饮料卖给零售商。就是这么简单的业务，让可口可乐公司每年赚取了巨额利润。就连遭遇金融危机的2008年，可口可乐公司都获得了高达58.1亿美元的利润。

经营业务越简单的企业，越可能具有持续竞争优势。在选择投资企业时，投资者最好先从那些业务简单易懂的企业下手。

业务复杂会加重你的风险

像担保债务凭证这种过于复杂的金融衍生产品，是造成这次金融危机的原因之一。我和芒格曾经说过，这些金融机构将商业操作弄得太复杂了，使得政府监管者和会计准则都无法阻止这些金融机构冒这么大的风险。这种缺乏控制的行为，已经造成了惨重后果，例如贝尔斯登的倒闭，而且很有可能带给金融业更多损失。

——巴菲特致股东函（2008）

巴菲特认为，企业经营的业务越简单易懂越好。太过复杂的业务容易造成不可预测的危险。

2008年金融危机给全球的金融机构造成了高达3 000多亿美元的损失。但巴菲特认为，这样的损失很大程度上也要归咎于金融机构本身。在过去的时间里金融机构发行了很多过于复杂的金融衍生产品。像担保债务凭证这个产品，投资者如果想弄明白其业务内容，就至少需要阅读75万字的报告。这样这些复杂的产品大大增加了金融机构的风险系数。但是由于它们过于复杂，使得政府监管者和会计准则无法监控到这些风险性，才导致了金融危机的全面爆发。

巴菲特说，在伯克希尔公司里，是绝对不允许发生这种事情的。为了避免风险，巴菲特在选择投资企业时，都不会选择特别复杂的业务。巴菲特说，他曾经读过一份金融公司的业务报告。这份报告主要是向政府部门和普通投资者介绍这家金融机构的操作过程。但这份报告多达270页。巴菲特一边阅读，一边把自己认为有疑问的地方列在空白纸上。等看完最后一页，巴菲特发现他竟然列了25页问题。最后他实在失去了耐心，把笔一扔，决定再也不投资这个股票了。巴菲特之所以不碰高科技，也是因为他觉得高科技太复杂了，投资风险太大了。

巴菲特认为，如果某项业务的不确定因素很多，那么该业务的投资成功率就会很低。如果某项业务只有1个不确定性因素，而这个因素的成功概率高达80%，那么这项业务的投资成功率就是80%；如果这项业务有2个不确定性因素，而每个因素的成功概率都是80%，那么这项业务的投资成功率就是64%；以此类推，不确定性因素越多，这项业务的投资成功率越来越低。巴菲特觉得，如果某项业务的投资成功率很低，即使该业务有再高的投资回报率，他也不会进行投资。

1998年伯克希尔公司打算投资一个锌金属回收项目，项目内容就是将地热发电产生的卤水中的锌提取出来进行回收利用。本来这是一个巴菲特非常看好的项目，利润率很高，项目内容也简单。可是在真正实行的过程中，问题层出不穷，总是一个问题接着另一个问题出现。常常刚解决完这个问题，又有一个新问题跑出来。这令巴菲特非常不满。经过全面的衡量利弊，最终巴菲特觉得投资成功率太低，放弃了这个很赚钱的项目。

如果企业经营的业务过于复杂，企业运营的风险就比较大。而且过于复杂的业务，投资者也不太容易搞明白。所以投资者尽量远离那些经营业务复杂的企业为好。

你要能理解它的新型业务

> 在这个产业占据主导地位是一件非常重要的事情。我们遍布全美的机队可以使我们的客户受惠无穷。我们能够提供其他公司无法提供的服务，所以我们也能够大幅度降低飞机停在地面的时间。我们还有一个让客户无法抵抗的诱惑，那就是我们提供的飞机种类非常多，有波音、湾流、Falcon、Cessna和雷神。而我们那两个竞争对手却只能提供自己生产的飞机。通俗地说，Netjets公司就像一位治病的医生，能够根据病人的情况对症下药。而其他两个对手就像那种卖祖传膏药的江湖郎中，无论病人是什么病况，开的药都是那一贴膏药。
>
> ——巴菲特致股东函（1998）

巴菲特认为，如果投资者想投资某一个企业，那么就必须了解该企业的业务。如果该企业经营的是过去从来没有过的新型业务，投资者也要认真去了解它，根据它的价值来判断是否值得投资，而不是根据自己的猜测直接肯定或否定这项投资。

巴菲特在1998年致股东函里提到了伯克希尔公司旗下的企业主管飞行公司。该公司从事着一项过去从来没有过的新型业务。企业主管飞行公司总裁RichStantulli最先想到这种新型业务的可能性，所以在1986年开展了这一业务，开辟了一个新兴行业。这项新型业务主要是出售专用飞机的一部分所有权给客户，然后帮助所有权人维护和保养机队。

顾客可以购买企业主管飞行公司中任一机型的飞机的部分所有权，也可以购买好几个机型的部分所有权，然后顾客可以根据部分所有权协议每年使用所选择飞机飞行一定的时间量，同时享受公司提供的优质服务。例如某个顾客拥有三种类型的飞机的1/16所有权，那么顾客就可以拥有每架飞机每年50个小时的飞行时间。企业主管飞行公司这项业务让顾客使用飞机像使用出租车一样方便。当顾客想使用飞机时，只需提前几个小时通知企业主管飞行公司，企业主管飞行公司就会根据顾客需要就近安排飞机供顾客使用。

巴菲特第一次听说企业主管飞行公司（当时叫Netjets公司），得益于H.H.Brown鞋业的经理人。

H.H.Brown鞋业的经理人非常满意Netjets公司的业务，而且他觉得该公司非常符合伯克希尔公司的收购标准，于是他把Netjets公司的总裁介绍给巴菲特认识。第一次见面，巴菲特就被这个业务深深吸引了，他立刻购买了霍克1000型飞机1/4的所有权，也就是每年可以使用该飞机飞行200小时。经过一段时间的使用后，巴菲特深深被Netjets公司的服务、安全和便利所折服，最终巴菲特收购了这家公司。

一项新型业务，可能是有前途的业务，也有可能是没前途的业务。如果碰到从事新型业务的企业，投资者要在认真了解该新型业务的基础上再决定是否投资。

重视业务的运作者

非常重要的一点是我们的利润并不是来自像香烟或电视台这些拥有特殊经济形态的产业，相反我们的企业都只是来自像家具零售、糖果、吸尘器和钢铁仓储这种非常普通的行业。我们可以这么说，这些来之不易的报酬，靠的并不是先天的产业优势，而是这些企业优秀的经理人杰出的表现。

——巴菲特致股东函（1990）

巴菲特认为，经营什么业务对企业的发展固然很重要，但是什么人在经营这个企业对企业的发展一样非常重要。不一样的经理人自然会把企业带向不一样的未来。

巴菲特在1990年致股东函里提到，1990年伯克希尔公司的非保险业务的平均股东权益报酬率高达51%。对于这些普通的行业取得这样的好业绩，巴菲特认为，这很大程度上都要归功于这些公司的经理人的杰出表现。

波珊珠宝公司就是一个比较典型的例子。1990年美国零售业总体来说都相当惨淡，尤其是那些单价昂贵的商品销售业绩更是惨不忍睹。可是波珊珠宝公司的业绩不仅没有下滑，反而增长了18%。连巴菲特都不敢相信这样的事实。因为美国大多高级的珠宝店都是私人经营的。而弗里德曼并不是在为自己经营珠宝店，只是在为伯克希尔公司服务，却取得了这样高的成长率。除了纽约的Tiffany珠宝店以外，也就是弗里德曼负责的波珊珠宝公司业绩最好了。

波珊珠宝公司之所以取得这么高的经营业绩，一方面是因为奥玛哈当地的市场占有率一直非常高。但由于奥马哈及其周围地区人口只有600万，所以奥马哈地区为波珊作出的业绩并不是非常多。为了扩大销售量，弗里德曼开始开拓非洲中西部地区的市场。这个地区的客户有些慕名而来上门选购，有些则通过邮购方式购买珠宝。邮购客户通常都会自己指定一些品质和价位，比如选购单价一两万美元的绿宝石，然后波珊珠宝公司就会送上5到10个不同的花色品种供顾客挑选。1990年，波珊珠宝公司共寄出1 500种这样的组合，每种组合的价格高低不等，从1 000美元到几十万美元都有。就这样，波珊珠宝公司用极少的销售成本换来了高额的经营业绩。

当然了，也不是谁申请要买珠宝，波珊就会把珠宝寄过去，这样的风险太大了。波珊珠宝公司通常都会从熟人郑重推荐的名单中选择一部分寄珠宝过去。而这熟人推荐制度早在波珊珠宝公司刚成立不久就开始推行了。这种制度效果非常好，至今波珊珠宝公司都没有出现过珠宝寄出去收不回来的情况。

一个企业能够成为优秀的企业，只有好的业务是不够的，还需要再配上优秀的管理层。所以投资者在进行投资时，也要注意观察所投资企业的管理层是否优秀，这点非常重要。

亲自对企业进行考察了解

> 我和芒格都对世界百科全书非常感兴趣。事实上，我读他们的书已有25年历史，现在连我的孙子也拥有一套。所有的老师、图书馆与读者都称赞它为最有用的百科全书，而且它比同类型的其他书卖得便宜。这种质优价廉的产品，促使我们愿意以按照该公司提出的价格进行收购，即使近几年直销业的表现并不太好。
>
> ——巴菲特致股东函（1985）

巴菲特认为，投资者应该对其所投资企业的业务非常了解。但这种了解并不是听取别人的道听途说，而是自己亲自去进行考察。

有些投资者认为专业的管理人员或者金融分析师见多识广，觉得这些人提出意见一定很理性，其实不然。格雷厄姆曾经说过这样一个故事，有位石油专家死后上天堂，却被上帝告知天堂没有位置了。于是他对着天堂的门大喊，地狱有石油，结果就有几个石油专家从天堂出来下了地狱。上帝觉得这位石油专家很聪明，正待夸奖他时，这位石油专家却说，我也要下地狱去，他们都下去了，说不定地狱真有石油呢。由此可见，道听途说是行不通的，只有亲自考察才正确。

巴菲特向来都是亲自考察所投资的企业。1985年伯克希尔公司投入3.2亿美元收购了斯科特公司。在进行收购之前，巴菲特认真了解了斯科特公司的业务。斯科特公司最主要的业务就是世界百科全书。而世界百科全书对于巴菲特来说，太不陌生了。因为他和搭档芒格平常就对世界百科全书特别感兴趣。在阅读世界百科全书的过程中，他发现世界百科全书的的内容和编排的质量非常高。当然也不仅仅他这么认为，这本世界百科全书被所有的读者评选为最有用的百科全书。由此可见，这本书的声誉很好。而且难能可贵的是，这本书卖的价格比其他同类书的价格还低。高质又低价的产品，自然人人都喜欢。世界百科全书的销售额比其他4家同行加起来总的销售额还要多，大约占斯科特公司总销售额的40%。

当然，巴菲特也没有忽视斯科特公司的其他业务。除了世界百科全书外，斯科特公司还经营着克比家护系统、空气压缩机、瓦斯炉等16项业务。而这些业务在其行业中也大多处于佼佼者的地位，能够获得很高的投资回报率。这些业务年销售额在7亿美元。

另外巴菲特也没有忘记考察斯科特公司的管理层。毕竟，巴菲特是想收购一家企业加一个优秀的管理层。虽然在决定收购前，巴菲特并没有见过斯科特的总裁拉尔夫舒伊。但是拉尔夫舒伊已经在该公司当了9年的总裁。巴菲特从斯科特的9年经营业绩中就慢慢了解到拉尔夫舒伊是个非常出色的管理者。

正因为巴菲特对斯科特公司的一切都非常满意，所以他按照斯科特公司提出的价格3.2亿美元收购了斯科特公司。事实证明巴菲特的投资眼光没有错。斯科特公司后来屡创佳绩，为巴菲特赚取了丰厚的利润。巴菲特说收购的成功正是建立在亲自考察业务的基础上的。

投资者在进行投资时，不要被别人的话语所左右，一定要自己亲自考察想要投资的企业。只有自己亲自考察过的，才是最真实的。经过自己考察后再进行投资，这样的投资风险是最低的。

获取公司治理的真实信息

> 我们旗下的这些事实在是没有什么新的变化可以特别提出报告的，所谓没有消息就是好消息，剧烈的变动通常是不会有特别好的绩效的。当然这是与大部分的投资人所认为的正好相反，大家通常都将最高的市盈率给予那些擅长画大饼的企业，这些美好的远景会让投资人不顾现实的经营的情况，而是一味地去幻想未来可能获得的利润。对于那些爱做梦的投资人来说，任何路边的野花都会比邻家的女孩更具有吸引力，不管后者是多么的贤惠。
>
> ——巴菲特致股东函（1987）

巴菲特以自己所经营的公司为例，说明了一种情况，没有消息就是好消息，如果公司的经营没有什么可以重大的变故对于投资者来说，反而是一种有利，但是为了了解我们所投公司的运营状况，以化解我们的投资风险，我们必须及时获取关于公司的真实信息。

一般来说，最真实的公司信息当然来源于我们对公司的实地调查，但是这种方法实际操作起来非常困难，因为我们根本没有时间去走访每一家公司，我们可以借助下面两种方法来获取相对准确的公司信息。

1.充分利用你的经纪人

虽然，经纪人出于自身利益的考虑，有的会向投资者推荐不好的股票，但是，如果掌握了适当的方法，我们可以从经纪人那儿了解到很多关于公司的真实信息，下面这种对话模式就值得借鉴。

经纪人："我们正在推荐某公司的股票，我们刚刚把它列入推荐买入股票名单上。"

投资者："你认为这只股票属于哪一个类型？周期型、缓慢增长型、快速增长型还是其他类型？"

经纪人："绝对是快速增长型。"

投资者："增长有多快？最近收益的增长率是多少？"

经纪人："我一时说不上来，我可以帮你查一下。"

投资者："谢谢你。你查看增长率时，能不能帮我查一查这只股票当前市盈率和历史市盈率数据。"

经纪人："没问题。"

投资者："是什么原因让你们认为现在是购买该公司股票的好机会？这家公司的市场在哪里？目前公司有赢利吗？它未来将如何扩张？它的资产负债情况如何？如果不增发新股稀释每股收益的话，它如何为增长进行融资？公司内部人士在买入自家公司的股票吗？"

经纪人："我认为你所提到的这些问题中很多都在我们公司分析师所做的研究报告中得到解答了。"

投资者："请帮我复印一份，我会仔细看完后再还给你，同时，我也希望得到一张最近5年该公司股票价格走势与收益走势并列的图。如果有股息的话，我想知道股息的情况，我想知道他们是否总是按时派发股息。在你查找这些资料时，请帮我再查一下机构投资者的持股情况。还有，你们公司的分析师跟踪研究这只股票有多长时间了？”

经纪人：“就这些问题了吗？”

投资者：“看完报告后我会再告诉你，可能我得给这家上市公司打个电话问问……”

经纪人：“不要耽搁太久，现在是买入的最佳时机。”

投资者：“现在就买？就是现在这个10月份就买吗？你知道马克·吐温曾说过：‘10月是投机股票特别危险的月份之一，其他特别危险的月份包括7月、1月、9月、4月、11月、5月、3月、6月、11月、8月和2月。’”

通过这种对话模式，你可以从你的经纪人那里获取最大量的公司信息。

2.给上市公司打电话

给你想投资的或已投资的上市公司打电话，也不失为获取公司真实信息的好方法。一般来说，上市公司都会比较高兴有机会与股东交流对公司的看法，如果是一家规模比较小的上市公司，说不定还有机会和总裁交谈呢。

在给公司打电话之前，你最好准备几个问题，最好不要一开始就问“为什么你们公司的股票在下跌”。一上来就问为什么股票会下跌，马上会让对方认为你不过是一个初入股市的菜鸟而已，根本不值得认真对待，随随便便敷衍一下就行了。因为在大多数情况下，上市公司自己也根本不知道为什么它们的股票会下跌。

我们可以谈论一下公司的收益，但是直接询问“你们公司未来收益是多少”就像一个陌生人问你的年薪是多少一样很不礼貌，要想让对方容易接受，就得问得委婉巧妙：“股市对贵公司明年的收益预测是多少呢？”

但是，公司未来的收益很难预测，即使分析师们的预测差别也很大，就连公司自己也不能确定它们未来的收益到底会是多少。

因此，你真正应该从投资者关系部门了解的东西，你对公司未来发展前景的估计是否合理，可以探询一下公司对你对公司未来预测的反应如何。你对公司未来发展的推理和预测是否合理，这些预测能否实现。

如果你在询问问题时表明你自己已经做了一番研究工作，那么沟通效果就更好了。比如：“我从去年的年报中看到贵公司减少了5亿元的债务，那么你们未来的债务削减计划是什么呢？”这肯定会比你问：“你们对于债务未来有什么打算？”会让他们更加认真严肃地予以回答。

即使你对公司的发展并不清楚，你也可以通过询问两个一般性的问题来得到一些信息：“今年公司发展有哪些有利因素？”“今年公司发展面临哪些不利因素？”他们也会由此告诉你的很多有用的信息。

也有可能你会从公司听到一些不利消息，比如，劳动力成本增加，公司主要产品市场需求下降，出现了一个新的竞争对手，或者人民币升值使公司利润减少。如果你正在交流的是一家服装制造公司，你可能发现今年推出的服装系列并不好卖，仓库里已经堆满了存货。

投资者可以按照上面的方法，分析一下交流中所获得的不利因素和有利因素，你会发现从电话所得知的信息可以进一步对投资者的判断给出进一步证明，公司的实际情况比原先更好或更差，这些信息对我们作出正确的决策是非常有价值的。

分析企业经营业务时要做到精益求精

> 和星辰家具的交易有个非常有趣的故事。通常每当我们涉足一个原本不熟悉的行业时，我都喜欢问下新加入的合作伙伴："你们这行业中还有没有像你们一样的优秀的企业？"1983年我们收购内布拉斯加家具中心时，我就问过B夫人这个问题。当时她告诉我，美国其他地方还有3家优秀的家具零售商。可惜的是，在当时它们都没有出售的意愿。
>
> ——巴菲特致股东函（1997）

巴菲特认为，为了更好地投资，投资者在考察想要投资的企业经营业务时，一定要精益求精，不放过任何细节，不求最好，只求更好。

1997年伯克希尔公司收购星辰家具公司。当时，创立于1912年的星辰家具，总共有12家家具店，其中10家在修士顿，一家在奥斯丁，另一家在布莱恩，每家的经营业绩都非常喜人。当谈到收购星辰家具公司的过程时，巴菲特非常激动。因为这桩收购案例充分体现了巴菲特收购企业时不求最好，只求更好的招数。

巴菲特有这样一个习惯，每当他涉足一个原本不熟悉的行业时，他总会询问他的新合作伙伴一个问题："你们这行业中还有没有像你们一样的优秀的企业？”可千万别小瞧这个问题。就是这样一个问题，让巴菲特收购了很多优秀的企业。星辰家具公司就是这样一个例子。

1983年巴菲特开始涉足家具行业，他收购了内布拉斯加家具店。当最后和B太太洽谈收购协议时，巴菲特就询问B太太，在家具零售业，有没有其他像内布拉斯加家具店这样优秀的企业。B太太告诉巴菲特，在美国其他地方还有3家很优秀的家具零售商可以考虑收购。不过令巴菲特惋惜的是，当他和那3家公司洽谈时，当时没有任何一家愿意出售。令人没想到的是，多年之后这三家家具店中的威利家具公司有了出售的意愿。于是B太太马上把这个消息告诉了巴菲特。巴菲特非常高兴，因为他不但喜欢该公司的经营业绩，而且也非常欣赏该公司明星经理人比尔蔡德，所以巴菲特立刻抓住这个了这个难得的机会，很快就和威利家具公司谈好了这笔交易。同样地，巴菲特又问了比尔蔡德和问B太太一样的问题，比尔蔡德的推荐名单中有一家和B太太推荐的一样，那就是星辰家具公司。虽然当时星辰家具公司不愿意出售，但巴菲特已经把星辰家具公司深深记在了心里，他一直在等待合适机会。

在巴菲特收购威利家具公司一年之后，所罗门公司的董事长告诉巴菲特，星辰家具公司有出售的意愿，而且该公司的总裁兼最大股东沃尔夫想和巴菲特见个面。巴菲特非常激动，终于让他等到了收购的机会。于是很快巴菲特就和沃尔夫见了面。经过两次短暂的会晤后，他们就谈妥了所有的交易。

没有最好，只有更好。当投资者准备投资某个企业时，可以了解一下，在这个行业里是否还有和这家公司一样优秀甚至比它更优秀的企业。

忠告 3

从盈利强的稳定行业中选股

——趋利而动，避害而行

投资成绩是由公司未来发展的潜力决定的，所以巴菲特认为，行业的性质比管理人素质更重要。毕竟，人心莫测，管理人可以“变质”，但整体行业情形一般不会那么容易变向。巴菲特成功的奥秘就在于把钱投在最有效率的公司身上。

寻找长期发展稳定的产业

我喜欢的是那种根本不需要怎么管理就能挣很多钱的行业，它才是我想投资的那种行业。

——巴菲特投资语录

巴菲特一再强调，在选择投资目标时，一定要选择具有稳定发展前景的产业。早在1967年伯克希尔用860万美元的价格并购了国家产险和海火险公司以后，当年他们的保费收入就达到了2 200万美元，一直到1977年，累积的年保费总收入已经达到1.51亿美元。

巴菲特在美国运通股价最低的时候买入该公司5%的股票，随后将近两年时间，运通的股价就大涨了3倍。五年后，运通股票涨了5倍，股价从35美元上涨到了189美元。

巴菲特在伯克希尔1994年的年报中对他投资美国运通的历史进行了分析，他认为正是对该公司的长期了解才会大笔增持了该公司的股票，后来看来这是很明智的投资行为。由此可见，一个具有稳定发展前景的产业，拥有较大的赢利空间，将会给投资者带来丰厚的回报。

那么，我们怎样去辨别哪些是具有长期发展稳定的产业呢？

要选择具有长期发展稳定的产业首先应考虑其周围环境，一方面看外部的宏观环境，比如自然、社会、人口、技术、政治、经济、文化、传统、法律等各种因素；另一方面，要看产业的竞争环境，其产业内的竞争对手情况、买方、供应商、替代品生产厂商、潜在进入者等。

通常，产业外部的宏观环境对企业起到间接的影响，而产业竞争环境则会对企业的发展起到直接的影响。

其次，还要考虑产业结构。产业结构对企业的竞争优势确立和其可持续发展起到深远影响。产业之间的竞争不断降低某个产业的投资资本收益率，当某个产业的收益率低于投资资本要求的最低收益率水平时，一些投资者就因为无法承受长期的低收益率，甚至亏本的危险，而及时退出该产业，转投其他有更高收益的产业，这样，原来投资的产业竞争压力减弱，收益率会逐渐回升。当某个产业收益持续走高，那么，就会有越来越多的资金流入该产业分割这块蛋糕，直到市场竞争越来越激烈，产业收益逐渐下降，直到最低，挤走一些投资者，这样，这个产业才逐渐反弹。

既然市场就那么大，怎样在市场上持续占据一定地位，就要看该产业结构是否合理，能否顶住高竞争压力，或者是否拥有特权产业结构。比如像报纸那样，在各个地区都有固定的受众群，其他地区的企业无法进入该地区。这样具有垄断性质的产业，就是收益比较稳定，风险较小，值得我们投资的产业。

另外，在投资某类产业时，一方面要考虑该产业是否具有足够的吸引力，也就是其平均赢利能力是否足够强。另一方面还要考虑该产业的结构变化程度是否较大，是否具有稳定性。综合这些分析，我们才能尽量比较准确地投资有发展的产业。

顺风行业更适合投资

保险这个行业从总体上来看，表现还是不错的，但事实上其情况也并不是全然是这样的，在过去的10年中，我们也犯过一些错误，不管实在产品还是在人员上面。虽然小错不断，但是大体上还是可以获得令人满意的成绩。从某一程度上来看，这个行业与纺织业却正好相反，管理层已经相当的优秀了，但却只能获得相当微薄的利润。各位管理阶层需要一再学到的是，选择一个顺风的行业而不是逆风行业的重要性。

——巴菲特致股东函（1977）

巴菲特这段话再次提醒投资者，投资者在选择投资目标时对于行业的经济特征的甄别是多么的重要，早在1967年的时候伯克希尔用860万美元的价格并购了国家的产险和国家海火险公司以后，当年它们的保费收入就已经达到了大约2 200万美元，一直到1977年，累积的年保费的总收入已经达到了1.51亿美元。可见选对一个行业它的赢利空间是非常大的。

下面以中国股市中中远航运（600428）来对这个问题进行进一步的说明。

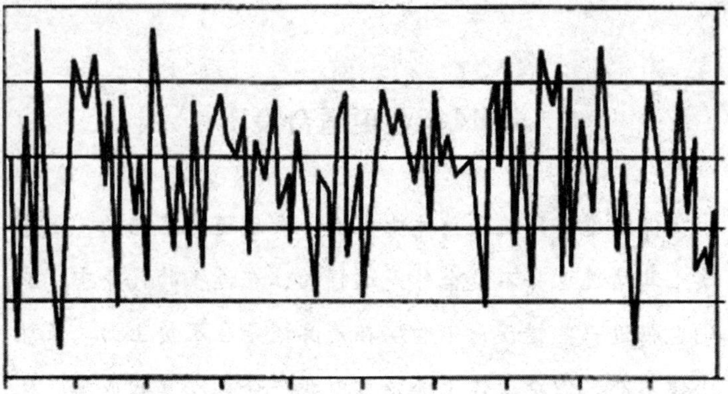

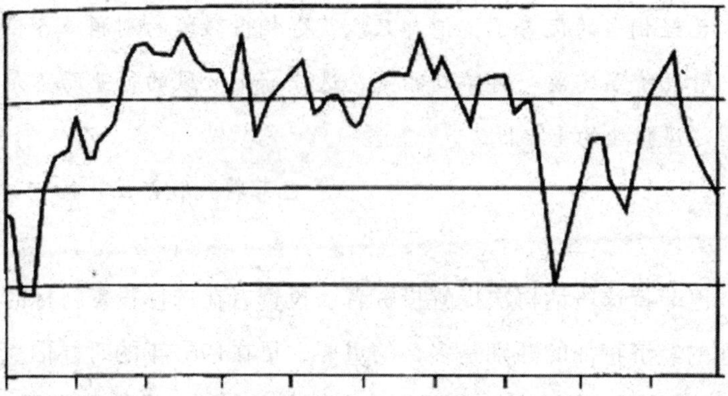

在2006年10月到2007年4月的走势图。在2007年4月设在英国伦敦的世界著名的航运交易所发布的、代表国际干散货运输市场景气指数的国际波罗的海综合运费指数(BDI)持续走高，与2006年初相比，上涨幅度接近100%，与一个月前相比上涨幅度在10%以上。其中，BDI指的是目前世界上衡量国际海运情况的权威指数，在2006年初该指数在2 500点附近，一直到10月9日该指数突破了4 000点，并且该指数都一直维持在4 000点以上运行。由该指数可以看出各国经济情况良好，整个干散货海运市场持续处于高度景气状态。进而可以知道，国际海运价格上涨必然对航运类公司带来实质性的利好。相关上市公司必将会有所收益，其股票也很有可能成为涨幅较大的“黑马”股。即使在2006年，油价的上涨和利率的变动都会影响航运企业的营业收入和净利润，但是这些公司的股价仍没有让投资者失望。尤其像中远航运(600428)，每股收益达到0.94元，从2006年10月以来，股价一路上升从6.79元涨到19.75元，股价涨幅达到300%以上。

对于我国的投资者而言，虽然在我国仍然有很多行业还没有专门的信息披露途径。这就需要投资者在实际操作中做到多方面搜索信息，并特别需要时刻关注政策的动向，并结合定量定性的相结合的分析方法，对行业状况做到恰如其分的把握。在了解一个行业的景气指数后，同时还要配合个股的实际情况进行综合分析，这样的准确度会更高。

寻找具有核心竞争力的产业

最终我们的经济命运将取决于我们所拥有的公司的经济命运。

——巴菲特

巴菲特认为选择投资对象的关键是分析企业的竞争优势及其可持续性，他一再强调投资人应该去寻找和发现具有持续竞争优势的企业，这类企业应该是投资的首选目标。

实际上，要确定任何所选择的一家企业的竞争优势，更重要的是确定这种优势的持续性。

巴菲特选择富国银行的原因只是认为它是一家非常优秀的上市公司，拥有最好的管理模式，股票的价格水平也处在合理的水平上。他在分析这家银行时，认为该银行是以全能型的以客户为导向的银行，其二该银行的交叉销售模式能够为利润创造出巨大的贡献。并且该银行很注重对风险的控制，尤其是在风险的分散化做得很好，它拥有80个业务的单元，对客户一生中可能产生的各种金融要求提供合适的产品，这样就会把业务的风险分散化了。

同时他分析出富国银行在20多年来显示出颇为强大的竞争优势，20年来的每股的赢利从1984年的0.84美元增长到了2004年的1.86，增长了10.40倍，这给股东权益的复合回报率达到了23%。

巴菲特曾经说，他对波特非常了解，他认为他们的想法是一致的。波特曾在书中写道，“长期的可持续竞争优势是任何企业经营的核心”。这正是投资的关键所在。理解这一点的最佳途径是研究分析那些已经取得长期的可持续竞争优势的企业。巴菲特认为，用一般的价格买入一家非同一般的好公司要比用非同一般的好价格买下一家一般的公司好得多。

巴菲特之所以强调要投资于具有持续竞争优势的企业，是因为对于长期投资来说，股价最终取决于公司内在价值，而具有持续竞争优势的企业的经济命运要远远优于那些一般企业，能够持续创造更大的价值增值，从而为股东带来更大的财富增值。

投资者在选择持续竞争优势的企业时应该注意两个方面。其一是分析企业是否具有真正的竞争优势。其二是分析企业竞争优势能否长期持续保持。如果从企业价值增值能力的角度来考虑，公司竞争优势指的是一个公司向客户提供具有某种价值的产品或服务的过程中所表现出来的超越其他竞争对手的一种优势，依靠这种优势，该企业能够在一定时期内保持超出所在产业平均水平的价值增值能力。

寻找规模大且具有垄断性质的行业

> 你的一生中能有一个好点子就已经很幸运了，而这基本上就是世界最大的一笔业务。可口可乐拥有世界上最有影响力的品牌，价格公道，深受欢迎——在各个国家，它的人均销售量每年都在增加，没有哪一种产品能像它这样。
>
> ——巴菲特

巴菲特选择投资对象的时候特别注重公司的业务种类，对那些从事具有消费垄断业务的公司情有独钟。正如上述中的可口可乐公司就是巴菲特特别满意的一项投资。他认为可口可乐公司在消费者的眼中已经建立起了不可取代的地位。无论是品牌认知度高还是渠道消费垄断方面都做得相当不错了，所以他认为这个公司最具投资价值并是值得长期持有的明星公司。在1995年度报告中可口可乐公司宣称:“如果我们的公司被彻底摧毁，我们马上就可以凭借我们的品牌力量贷款重建整个公司。”正是凭借品牌形象这一无形资产，使得可口可乐公司在百余年的风雨历程中获得了巨大的经济效益和社会效益巴菲特投资了大部分具有特许经营权的股票，这些股票都属于生产消费型产品的企业。

以中国的企业为例来说，中国改革开放三十多年，在面临日益高涨的全球化浪潮的冲击下，形成强大商誉，并能够在激烈的市场竞争中获得超额利润的百年老店已经不多了。再看一下中国的消费品市场到处充斥着国外的世界级名牌，比如，可口可乐、高露洁、漂柔、立顿、箭牌、统一、康师傅……中国的这类企业很难与他们抗衡，这都是很难符合巴菲特选择标准的。所以，在中国股市中要找到具有特许经营权、能形成行业壁垒并获得超额利润的企业真的十分困难。

但是可以找到其他的投资对象，比如茅台、张裕、云南白药这些都是百年的杰出代表，在一些新的品牌中，伊利、双汇又是其中的佼佼者，这些都很接近巴菲特垄断性企业的判断标准。但是伊利市场的竞争的激烈到了白热化的程度，牛奶卖得比水还便宜，在这一浪接一浪价格战发生之后。伊利不但没有获得超额利润的能力，而且利润率也呈逐年下降的趋势，净资产收益率低下，净利润增长率远赶不上营业收入的增长率。这些都说明了伊利目前正处于最激烈的自由竞争时期，仍然不属于我们要寻找的垄断型企业。但这并不妨碍它将来可能成为这样的企业，如果它和蒙牛完成市场的占有过程，形成双寡头垄断格局，那个时候它就是我们很好的投资标的了。所以对于中国的投资者而言，在判断垄断性企业时不能拘泥一个概念，要综合分析企业的投资价值后。

消费垄断型公司相对于从事普通业务的公司具有获利潜力和

发展前景。这类企业即便是在经济不景气的情况下也由于其所从事的业务具有消费垄断，而不会对其获利能力有很大的影响。投资者在选择投资目标时，问问自己，如果投资一笔钱，请来最好的管理者，而且又宁可赔钱也与它争市场的话，我能够占领它的市场吗？如果答案还是不能的话，那它就是一家很优秀的公司，在我们投资的首选之列。但是投资者需要注意的是，也并不是所有的垄断企业都是值得投资的对象。像电力、煤炭、港口、机场、高速公路等公用事业价格受到严格的监控，赢利一般不会超过市场平均水平，市场相对比较稳定，很难持续增长。

选择具有超级资本配置能力的企业

> 企业经理的最重要的工作是资本配置。一旦管理者作出资本配置的决策，那么最为重要的就是，其行为的基本准则就是促进每股的内在价值的增长，从而避免每股的内在价值的降低。
>
> ——巴菲特

巴菲特认为资本配置对企业和投资管理都是至关重要的，管理层最重要的能力就是资本配置的能力。资本配置的能力主要体现在管理层能否正确地把大量的资本投资于未来长期推动股东价值增长的最大化的项目上，可以这么说，资本配置上的远见在某种程度上决定了公司未来发展的远景。

比如在可口可乐每年的年报中，管理层都会一再重申："管理的基本目标是使股东价值最大化。"罗伯托·郭思达在公司"80年代的经营战略"中指出："未来10年内我们要继续对股东负责，使他们的投资增值。为了给我们的股东创造高于平均水平的投资收益，我们必须找到条件合适、回报率超过通货膨胀率的项目。"

公司的经营战略则强调使公司长期现金流最大化。为实现这一目标，可口可乐公司采取的是集中投资高收益的软饮料企业，并不断降低资本成本的经营战略。这一战略的成功直接表现为公司现金流增长、权益资本收益率提高和股东收益增加。为实现这一宗旨，可口可乐公司通过增加权益资本收益率和利润率来提高红利水平，同时却减少红利支付率。

在20世纪80年代，可口可乐公司支付给股东的红利平均每年增长10%，而红利支付率却由65%降至40%。这样一来，可口可乐公司可以把更多的未分配利润用于再投资，以使公司保持一定的增长率。净现金流的增长使可口可乐公司有能力增加现金红利并回购股票。1984年，公司第一次采取股票回购行动，回购了600万股。

从这以后，公司每年都要回购股票。1992年7月，可口可乐公司再次宣布：公司将回购1亿股，相当于公司流通股份总数的7.6%。郭思达自信，由于公司强大的赢利能力，完全有能力做到这一点。从1984~1996年的12年间，可口可乐总共动用了53亿美元，回购了4.14亿股，相当于1984年初公司流通股份的25%。如果按1993年12月31日的收盘价计算，回购的这些股票价值185亿美元。巴菲特对可口可乐回购股份之举大加赞赏。

投资者需要注意的是能够体现管理层高超的资本配置能力的一

个重要标志就是，管理层在公司股价过低时大量进行股份的收购，但是需要注意的是，管理与业务相比，业务是公司发展的根本所在，优秀的而鼓励能够为优秀的公司锦上添花。所以在应用这个原则不能忽视掉公司的业务。

选择自己熟悉的股票

> 我可以理性地预期投资可口可乐公司的现金流量。但是谁能够准确预期十大网络公司未来25年里的现金流量呢？对于网络企业，我知道自己不太了解，一旦我们不能了解，我们就不会随便投资。显然，许多在高技术领域或新兴行业的公司，按百分比计算的成长性会比注定必然如此的公司要发展得快得多。但是，我宁愿得到一个可以确定会实现的好结果，也不愿意追求一个只是有可能会实现的伟大结果。
>
> ——巴菲特

成功的投资家总是告诉你同一个经验，只投资你熟悉的股票。

中国有句古话叫：“生意不熟不做。”巴菲特有一个习惯，不熟的股票不做。正是因为巴菲特坚持“不熟不做”的观点，多年来他对科技企业避之唯恐不及，并成功地避开了2000年初网络股泡沫等一系列投资陷阱。

巴菲特曾说他对分析科技公司并不在行。当股市处于对高科技尤其是网络公司股票狂热的时候，巴菲特在伯克希尔公司股东大会上被别人问是否会考虑投资于高科技公司。他回答:“这也许很不幸，但答案是不。我很崇拜安迪·格鲁夫和比尔·盖茨，我也希望能通过投资于他们将这种崇拜转化为行动。但当涉及微软和英特尔股票，我不知道10年后世界会是什么样子。我不想玩这种别人拥有优势的游戏。我可以用所有的时间思考下一年的科技发展，但不会成为分析这类企业的专家，第100位、第1 000位、第10 000位专家都轮不上我。许多人都会分析科技公司，但我不行。”

巴菲特说:“如果我们的原理应用到科技股票上，也会有效，但我们不知道该如何去做。如果我们损失了你的钱，我们会在下一年挣回来，并向你解释我们如何做到了这一点。我确信比尔·盖茨也在应用同样的原理。他理解科技的方式与我理解可口可乐公司与吉列公司的方式一样。所以，我们的原理对于任何高科技企业都是有效的，只不过我们本身不是能够把原理应用到这些高科技企业的人而已。如果我们在自己画的能力圈里找不到能够做的事，我们将会选择等待，而不是扩大我们的能力圈。”

巴菲特避开科技企业还有一个原因是，很难预测这些变化很快的高技术领域或新兴行业的未来发展。

巴菲特投资的企业，如《华盛顿邮报》、中国石油等，无疑都符合他的这一原则。

有些投资者总是不买自己熟悉行业的公司股票，并且往往购买自己根本不懂其公司业务的热门。像巴菲特这样的投资大师都始终坚持“生意不熟不做”，对于我们普通人来说，更应该这样。选择自己熟悉的股票进行投资，才可以避免因不了解盲目投资而造成的损失。

实际上，在投资这个领域,成功的人永远少于失败的人。究其原因，是因为有太多的人是靠着自己头脑中的想象与金钱打交道。从巴菲特的投资行为中，我们也可以得到启发，在做任何一项投资之前，都要仔细调研，在自己没有了解透、想明白之前，不要仓促做决定，以免给自己造成更大损失。

选准行业“领头羊”

麦当劳在海外的处境会比美国国内要更好一点，随着时间的推移，这个生意就会变得越来越难做。因为人们已经不再愿意每天都吃麦当劳了，然而喝可乐的人仍然还是大有人在，今天你喝5罐，明天可能再喝5罐。因此快餐业的处境要艰难的多。但是假如你一定要投资快餐业的话，在世界的范围内来看这个行业还是规模巨大的，如果你要从中选择一家的话，你会选择麦当劳，因为它有着很好的定位。它对于小孩子来说仍然是美味，尽管对于成年人来说它并不是最好吃的。最近，麦当劳用降价的策略进入了促销的领域，而不是产品本身的吸引力引起的销量的增加。

——巴菲特在佛罗里达大学商学院的演讲（1998）

可以看出巴菲特总是选择投资某一行业里的标杆性企业，他认为在股市中，某一行业的“领头羊”的强劲走势不仅能带动该板块走出良好行情，而且能带动大盘上涨，让及时追涨的投资者获取丰厚的收益。它们的成长性更是不会令人失望的。

投资者在选择股票时，有个最简单的绝招，那就是选择行业的领头羊。抓住领头羊有以下几方面的优势：

1.在主升浪当中，领头羊一般说是上涨最早、力度最大、幅度最大、回调最少的股票。属于最强势。

2.在反弹浪当中，领头羊一般也是如此。例如某一天华新水泥（600801）的表现，就说明了这一点。其他水泥股只是跟风，包括福建水泥、冀东水泥等。并且，华新水泥还在涨停板上，而他们已经展开盘中回落，并且不过上涨个百分之二、三。

3.从力度和涨幅看，一旦领头羊启动，还是应该跟风领头羊而不是“从属股”。追涨从属股，不如追涨涨幅已经略大的领头羊来得安全。涨幅略大的，反而比涨幅小的安全。

4.在从属股上跟风，容易吃套。从属股往往是涨幅还没有多大，获利还没有多少，就已经滞涨和下跌了，直到最后连累领头羊也出货。

由于领头羊具有先板块启动而起，后板块回落而落的特性，所以，它的安全系数和可操作性均远高于跟风股，至于收益更是跟风股望尘莫及的。征战股市，选择领头羊，实现收益的最大化。投资者在进行操作时要谨记以下两点：

1.大胆追高

大牛市领头羊一旦步入主升段，就是一大段出人意料的、持续大幅上升的单边市，很少也很难有逢低吸纳的机会，主力是不会故意给机会给你逢低买入的，所以只有追高才能买入第一领头羊。这里准确判断它是大牛市第一领头羊，及已经进入主升段，是十分重要的技术。如果判断错误，会有很大风险。

2.大胆持股

主升段的升幅是十分巨大的，利润也是十分丰厚的。但是要赚到这一暴利，就一定要持久持股。否则像当年不少的投资者买深发展，赚两三成就跑掉了，白白错失了数以倍计的利润。当然这里也是有条件的：未见到阶段性顶部。一旦有见顶的迹象，就必须迅速离场。

选择基本面好的公司

> 我仍然忍不住想要引用1938年《财富》杂志的报道："实在是很难再找到像可口可乐这样拥有这么大规模，而且能够保持持续十年不变的产品内容。"如今又过了55个年头了，可口可乐的产品线虽然变得更加广泛，但是令人印象深刻的是对它的形容依然如此。
>
> ——巴菲特致股东函（1993）

巴菲特对可口可乐总是赞不绝口，可以说他看重的就是可口的令人满意的基本面信息。

基本面分析是你买入任何个股之前必须做的一件事。通过分析确定该股的质量及其相对强势，也就是区分其优劣的过程。基本面是股票长期投资价值的唯一决定因素，每一个价值投资者选择股票前必须要做的就是透彻地分析企业的基本面。许多投资者没有系统的分析方法，甚至仅仅凭某一短暂的或局部的利好因素就作出草率的买入决定。投资者很容易受一些感性因素的影响而作出错误的操作，如听信其他投资者的言论，或者生活中对某一消费品牌情有独钟，就买入其股票等。

巴菲特在股市的成功，依仗的是他对“基本面”的透彻分析，而非对“消息市”的巧妙利用。正是因为有巴菲特这样“老实本分”的投资者，正是因为市场对巴菲特理性投资行为的高额回报，使得美国的资本市场成为世界上最稳定、最成熟、最有活力的金融市场；作为经济“晴雨表”的美国资本市场的长期稳定、健康，反过来又对经济产生了良好的反馈作用，成为美国经济长期保持强势的根本保障。

基本面分析主要是对公司的收益、销售、股权回报、利润空间、资产负债以及股市，以及公司的产品、管理、产业情况进行分析。基本面分析能主要考察一只股票的质量和吸引力，从而识别一只股票是否具有投资价值。

那么，在基本面分析中最重要的是什么呢？公司的赢利能力是影响股价的最重要的因素。也就是说只买那些赢利和销售量在不断增加、利润率和净资产收益率都很高的公司的股票。每股收益(公司的总税后利润除以公开发行的普通股的股数)可作为公司的成长能力和赢利能力的指标。

巴菲特认为，表现最优秀的个股，3/4都是成长良好的公司，在股价大幅上升之前其每股收益的年增长率平均达到或超过30%，而且连续三年都如此。因此，应全力关注连续三年的年收益增长率达到或超过30%的公司。

另外，在基本面分析中还有一些其他的因素。公司应当有其独特的新产品或新的服务项目，且其预期前景也令人鼓舞。你应当了解你所投资的公司在做些什么。这个公司应有大机构赏识并持有其股份，大多数情况这个公司还应属于某个先进的大企业集团。应当了解有多少优秀的共同基金、银行和其他机构投资者买入这只个股，这也是你个人研究的基础。大机构通常要经过详细的基本面分析以后才会买入某只个股的大量股票。

许多投资者以基本面分析方法作为其长期买卖决策的基础。基本面分析法的基本投资法则是：如果一只股票的价格低于它的内在价值，买进这只股票；如果股票价格高于它的价值，卖出这只股票。

也有些投资者通过基本面的分析来预测市场的未来，他们总是认为通过研究基本面的情况可以得出市场未来的方向，他们误以为基本面分析的作用就是预测市场的未来，掌握了大量的基本面资料就可以掌握未来。但巴菲特认为，这是一个根本性的错误。

基本面分析的功能不是预测市场，它的更大的作用是：告诉我们市场价格波动的原因，使我们更清楚地认识和了解市场，不至于因为对基本面情况的一无所知而对市场价格的涨跌感到迷茫和恐惧。

忠告 4

选择有“护城河”的公司

——永远与赢家为伍

巴菲特曾直言不讳，选择好的企业比拥有投资技巧和“内幕消息”更重要。根据价值投资理论，企业的市场价值决定于公司的内在价值。而公司的内在价值，又依赖于公司的盈利能力。那些能够创造超额利润的企业，其内在价值也远远高于一般的企业。

持续获利的企业更值得选择

我一直辛辛苦苦做的事就是，寻找最优秀的公司，具有很强的定价能力，拥有一种垄断地位。对那些不需要投入太多资本就能实现持续增长的超级明星公司更为钟爱。

——巴菲特投资语录

对于企业的利润，巴菲特有着自己独特、简单的看法。巴菲特根据长期投资得出结论，有两种公司最值得投资。

一是具有持久竞争优势的品牌公司。这些公司以生产品牌产品为主，消费者因为认同其品牌，在通常情况下都会选择购买其产品，这样其产品就会具有消费垄断优势，这类公司因而具有持久的竞争优势。即使在经济不景气的情况下，因为消费者群体对其产品的信赖，这类公司的获利也不会遭受很大影响，不会大起大落，从而能给投资者带来长久的稳定的收益。

二是最有效率的公司，提出这一标准是从经营管理的角度出发的。在一个相关行业的所有企业中，如果某一公司的管理人员特别注重管理效益，讲究节约管理成本，能以最低成本进行公司的运作，这类公司也是有投资价值的。许多公司之所以能成为品牌公司，以最低最省的成本运作是其成功的重要原因，即便在经济不景气的情况下，由于其运行成本较低，利润也有一定的保障，在某种程度上保证了投资者的利润。而那些管理经营成本高于同行的公司，迟早会被淘汰出局，成为品牌公司更是毫无可能。

巴菲特在1979年的时候购买了美国通用食品公司的股票，当时每股价格是37美元，他一共购买了400万股。他之所以看中该公司的股票，就是因为这个公司有着高额利润，从该公司的经营历史来看，其利润每年以8.7%的比率递增。巴菲特的判断是对的，该公司1978年每股利润是4.65美元，到1979年，其股票每股利润出现巨额增长，高达12美元。其后平均每年以8.7%的速率增长，到1984年，公司利润涨到每股6.96美元，这段时间内，通用食品公司的股票价格也一直上涨，至1984年达到54美元。

巴菲特看中的这类高成长、高回报的公司得到其他投资者的认同。1985年，菲利普·莫里斯看到通用食品公司的投资价值，以每股120美元的价格从巴菲特手中购买了其全部股票。巴菲特因此大赚一笔，其投资年平均收益率达到21%。

巴菲特对其他公司股票的投资也与此相类似，十分注重公司的行业是否具有消费垄断优势，是否具有稳定的经营历史和稳定的收益，是否具有长远的发展潜力和前景。这是巴菲特在决定投资某个企业时特别注重的。在巴菲特长期持有的几种股票中，大多都像通用食品公司一样能够让他获得丰厚的利润。

另外，巴菲特在其后的投资活动中，对公司管理水平等质量因素的重视，有时甚至超过了对公司可测算的数量价值的重视。例如，美国的可口可乐公司是有着近百年经营历史和著名品牌的公司，该公司创立以来，一直能够持续发展。但在20世纪70年代初，由于董事长保尔·奥斯汀的刚愎自用和管理的无能，导致该公司上下管理混乱，投资频频失误，员工人心涣散，税前收益逐年下降，公司的发展前景堪忧。80年代初，奥斯汀被迫辞职，改由格伊祖塔担任公司董事长。格伊祖塔有着杰出的领导才能和良好的人格，他上任后大力提高可口可乐公司的管理水平，削减各项开支，取消各种与本行业无关联的投资，制订新的发展计划，可口可乐公司在格伊祖塔的领导下，不久又显现出勃勃生机。而反映在股票市场上，该公司的股票价格也逐年走高。1988年，巴菲特出巨资投资该公司股票时，该公司的股票市价已比1980年增长4倍。因此，从当时的角度上看，巴菲特是在“追高买进”，显然不是很明智的做法，当时华尔街的证券分析家们对巴菲特此举也持否定态度。事后，巴菲特就此事接受美国《机构》杂志记者特纳的采访时认为，他这次花巨资（10亿美元，是巴菲特最大的单笔股票投资）购买可口可乐公司的股票，是因为对罗伯托·格伊祖塔的领导才能充满信心，可见巴菲特对公司管理水平和领导者才能的重视，在他的公司内在价值分析方法中，已提高到相当重要的地位。

巴菲特在1988年至1989年购买的10.2亿美元可口可乐公司股票，至1996年，市值已达71亿美元。短短7年时间，便为巴菲特赚进60亿美元的财富。而可口可乐公司在格伊祖塔的领导下，股票的市场价值已从1980年的41亿美元增加至1996年的1 150.7亿美元，仅次于通用汽车的1 373.4亿美元，位居世界第二位。这同样也证明了公司的管理水平和领导者的才能在公司的投资价值中占据着重要的地位。

可见，选择持续获利公司，要重点抓住那些具有消费垄断，能够获得较大利润的品牌公司，这些公司大多具有持久获利的能力，能够为投资者带来丰厚的回报。在选择这些公司的时候，对管理人员的经营效率应该重点考察，那些能够以最低成本运作的公司与同行业其他公司相比，常常具有较强的获利能力。选择这些质地优良的公司，就能像巴菲特那样战胜市场，赢得丰厚的利润。

不要忽视经济护城河的竞争优势

> 在考察一家企业是否值得投资时，我们考察的重点是这家企业是否具有竞争优势，并且这种优势是否具有持续性。我觉得只有在产品和服务上具有持续竞争优势的企业，才能带给投资者丰厚的回报。
>
> ——巴菲特《财富》杂志（1999）

巴菲特非常重视一个企业是否具有持续竞争优势。他把这种持续竞争优势比喻成保护企业经济城堡的护城河。巴菲特认为，一家优秀的企业通常都有一条经济护城河。只有这样企业才能够保证具有较高的赢利水平，才能够为投资者带给丰厚的回报。

巴菲特非常喜欢具有经济护城河的企业。巴菲特曾经这么说过，“我们喜欢拥有这样的城堡：有很宽的护城河，能够牢牢守护我们的城堡，即使有无数的竞争对手想抢占我们的市场，护城河也可以阻止外来者侵入。我们要确保经济护城河是不可能被竞争对方跨越的，每年都要努力拓宽我们的护城河，哪怕牺牲掉当年的赢利，也一定要使得我们的护城河越来越宽。”

巴菲特认为，如果一个公司要依靠一位超级明星来创造经营业绩，那么它就不是一个伟大的公司，它就没有经济护城河。就好像一个医院主要靠一位医术精湛的大夫获得收入和名声一样，一旦这位大夫被竞争对方挖走，医院立刻就丧失了赢利的资本。在巴菲特心目中，一个企业的护城河要达到这样的效果：在整个行业景气时能够获得高额利润，在整个行业不景气的时候依然能够获得丰厚的回报。

可口可乐公司就是一家具有稳固的经济护城河的企业。世界最大的百货公司沃尔玛在美国和英国的消费市场里进行实验，让消费者在不看品牌的情形下品尝可口可乐和Sam’schoice（沃尔玛自己的可乐品牌），消费者根本区分不出来哪个是可口可乐，哪个是Sam’schoice。因此沃尔玛百货公司开始推出它们自己的可乐品牌，和可口可乐自动贩卖机排在一起贩卖，售价仅为可口可乐的一半。但是顾客依然选择多花钱购买可口可乐，而不是Sam’schoice。这就是可口可乐的护城河。虽然市场上存在着很多可乐产品的竞争，但是对于大多数顾客来说，只要提到可乐，他们首先想到的就是这个老牌子可口可乐。

巴菲特认为，护城河是会变化的。没有哪一个城堡是攻不破的，所需的只是时间。所以要想成为一个伟大的公司，就需要不断拓宽公司的护城河，增加自己的防御能力，才能够在城堡里安然无恙。可口可乐这个品牌深入人心，但是在百事可乐虎视眈眈的注目下，可口可乐公司依然必须不断增加自己的竞争优势。

在选择投资的企业时，投资者要尽量选择具有持续竞争优势的企业，只有具有持续竞争优势的企业，才能够建立宽宽的护城河，保护你的利润。

经济护城河的实质是安全边际

> 大家不要忘记，经营企业就像守护城堡一样，首先要做的就是挖一条护城河，把竞争对手都挡在外面。
>
> ——巴菲特致股东函（1988）

巴菲特认为，一个优秀的企业必然有一条宽阔的经济护城河。而经济护城河的实质就是安全边际。

世界金融教父、巴菲特的导师格雷厄姆首先提出了股票投资中的安全边际概念。格雷厄姆认为，虽然金融资产的市场价格经常波动，但很多资产具有相对稳定的内在价值。股票的内在价值和当前市场价格通常是不相等的。所谓安全边际法，是指投资者通过估计企业的内在价值，然后比较内在价值与股票价格之间的差额，当差额达到安全边际时就可以对该企业股票进行投资。

格雷厄姆认为，在正常条件下，为投资而购买的一般普通股，其安全边际就是其大大超出现行债券利率的预期获利水平。格雷厄姆指出，股票市场特别偏爱那些投资给内在价值被市场低估的股票的投资者。股票市场几乎在任何时候都会存在大量内在价值被低估的股票。这些股票在其被忽视而且向投资者所期望的价值相反方向运行相当长时间以检验投资者的坚定性之后，市场必然会将其价格提高到和其内在价值相符的水平。如果投资者够理性，那么就没有理由抱怨股市的反复无常，因为正是股市的变化莫测才为投资者带来了机会和利润。本质上来讲，股票价格波动对于真正理性的投资者来说用途只有一个，那就是在价格大幅下跌时，提供给投资者一个买进的机会；在价格大幅上涨后，提供给投资者一个卖出的机会。

巴菲特在股市纵横几十年，他依靠的就是安全边际法则。如果巴菲特计算的企业内在价值，低于它的每股价格，那么无论如何巴菲特都不会购买该股票。如果巴菲特计算的企业内在价值，高于它的每股价格，但是还达不到他心目中的安全边际，巴菲特也不会匆忙购买，只会继续关注，等待企业股票价格继续下跌。一旦价格下跌到他的理想价位，进入安全边际区域内，巴菲特就会毫不犹豫地购买，而不是等待最低价位。

巴菲特从小就喜欢可口可乐。当他开始投资股票后，他就一直在关注着可口可乐公司的股票。虽然他觉得可口可乐公司是一个优秀的企业，但是他没有发现好的购买价格。他没有着急买进，而是一直持着观望态度。直到1988年，可口可乐股票价格暴跌，巴菲特发现价格已经跌入了安全边际。于是巴菲特开始大肆买进可口可乐股票。当时可口可乐公司的净资产收益率仅为6.6%，而巴菲特付出了账面价格的5倍价格。直到今日，巴菲特一直持有着可口可乐股票，而可口可乐公司每年也都为巴菲特带来丰厚的回报。

安全边际法则是投资者购买股票的一个重要原则。如果某一个企业让你很心动，你应该先分析企业的内在价值，然后等待合适的时机买进。当股票价格进入安全边际区域内，这就是购买的好时机。

安全边际比价格高低更重要

格雷厄姆在《聪明的投资者》的最后一章里强烈地驳斥了这种谬论。进行安全投资的秘诀就是安全边际。今年距离第一次读这篇文章已经42年了，但我依然深深相信这四个字。如果投资者不重视这个简单原则，那么从1990年开始投资者就会慢慢品尝到损失的滋味。

——巴菲特致股东函（1990）

巴菲特认为，投资者在投资债券时，一定要重视安全边际。安全边际比价格高低更重要。

我们经常会在很多投资者口中听到这样的话：这个股票已经跌到两元钱了，还能跌倒哪里？在巴菲特看来，这种思维忽略了企业本身的内在价值，违背了安全边际法则。巴菲特认为，如果公司债券没有经济护城河，债券价格不在安全边际区域内，那么不论债券价格是高是低，投资者都不应该投资。即使是两元钱的股票，也有可能亏损。

相反，如果公司债券价格低于其内在价值并在安全边际的区域内，那么即使该债券价格相对于其他债券来说有点高，投资者也可以投资。像巴菲特所在的伯克希尔公司的股票价格非常高。但是依然有很多投资者认为伯克希尔公司的股票依然被低估，他们还想购买伯克希尔公司的股票。

1989年7月，美国航空普通股每股股价是50美元。当时巴菲特觉得航空业进入门槛高，属于寡头竞争行业，这样的股价实在是很便宜。于是巴菲特投资美国航空3.58亿美元。然而，由于廉价航空公司和破产航空公司纷纷采取自杀式价格策略，当廉价航空公司想要争取市场占有率时，它们会不断地降价；而当一家航空公司宣布破产后，为了赚取现金，破产的航空公司也以低于成本的价格来提供服务。就是这样的价格恶性竞争，导致了一场行业性的灾难。美国航空公司就这样被拖垮了。巴菲特投入的3.58亿美元几乎都打了水漂。这笔投资是巴菲特为数不多的失败案例之一。巴菲特1998年在福罗里达大学商学院演讲时，提到这次失败的投资，巴菲特这么说道：“我因为价钱非常诱人而买了那些股票，但是那绝不是个诱人的行业。”巴菲特当时也承认他对所罗门兄弟的股票也是犯了同样的错误。巴菲特说股票本身价廉诱人没错，但那应该是杜绝涉足的行业。

1929年股市泡沫破灭，大多数股票价格都大幅下跌。很多人都想趁这个机会抄底。金融教父格雷厄姆和著名投资家费雪都投入到了这个抄底的队伍中。他们觉得股票的价格真的太低了。看到这么多便宜的股票，他们忍不住出手了。然而事与愿违，他们并没有看到股价回转上涨，股价还是不断下跌。结果这次投资让格雷厄姆从一个富翁变成了一个穷光蛋，还欠了很多债，而费雪也损失了好几百万美元。

投资者一定要谨记，安全边际比价格高低更重要。如果要分析某个公司是否值得投资，安全边际法则是不变的原则。千万不要因为价格便宜就购买股票。

要懂得如何考察经济护城河

> 像政府雇员保险公司、好事多超市、可口可乐公司、吉列公司、美国运通公司这样的公司，它们都享有享誉全球的强大品牌，而且它们的产品又都只需要很低的成本。这些优势就像一道道难以逾越的屏障，也就是所谓的经济护城河，促使企业持续取得成功。
>
> ——巴菲特致股东函（2007）

巴菲特认为，投资者一定要选择具有牢固经济护城河的企业。只有这样的企业才可以为投资者带来丰厚的回报。

那么投资者应该如何考核企业的经济护城河呢？巴菲特认为考核企业是否具有经济护城河，主要考察以下几个指标。

1.经营业务稳定

通过观察全球500强企业名单，我们发现大多数上榜的企业都还在卖和五年前甚至十年前几乎一样的产品。在巴菲特看来，越是经营业务稳定的企业，越容易具有经济护城河。正因为这些企业经营业务稳定，它们就可以更专注于改善服务、产品线、生产技术等等。这样它们就可以比晚进入该行业的企业提供更优质的产品和服务。它们也有机会拥有更多忠实的顾客。相反，如果一家企业经营的产品或业务经常发生改变，就可能会因为决策失误而造成重大变故。而且每经营一次新的业务，企业就需要再重新寻找新的顾客，也不利于形成顾客对品牌的忠诚度。

2.企业具有持续优势

巴菲特认为，像可口可乐和吉列这样的公司就具有持续优势。虽然我们不能预测出在未来的10年中可口可乐公司会生产多少可乐以及吉列能够生产多么剃须刀，但是我们可以肯定的是10年后可口可乐公司依然在生产可乐，吉列公司依然在生产剃须刀。可口可乐和吉列的品牌形象已经深植顾客心中，它们在本行业中会持续占据着主导地位。实际上，它们的主导地位很可能还会更强大。因为在过去的10年中，这两家公司扩大了它们本来就非常庞大的市场份额，而且现在所有的迹象表明在下一个10年中它们依然会再创佳绩。

3.企业拥有优秀的管理层

巴菲特认为，一个优秀的企业必须拥有优秀的管理层。管理层就像掌舵的船长一样，带领着企业这艘大船在商业的汪洋大海中行进。优秀的管理层总是避免船只触礁，掌握着企业行进的方向，致力于让企业的航行之路越来越顺。在巴菲特看来，优秀的管理层要具备理性的特质，能够合理分配企业资金。另外，优秀的管理层还要对投资者坦诚，不会通过会计作弊等手段掩饰经营业绩中的污点或者自己错误的决定。最后，优秀的管理层还要确保在管理的过程中不跟风模仿其他同行，能够拥有自己的主见。

每一家公司的经济护城河是不同的。投资者一定要认真考察公司的经济护城河是否牢固。如果投资者没有一套自己的考察方法，不妨依据上面的三个原则来考察。当然，这条护城河是越深越好、越宽越好。这样你的投资就安全无虞了。

成本过高增加风险

在伯克希尔公司我们特别强调节约成本。我们的榜样是一位准备刊登丈夫讣文的寡妇，报社告诉她每登一个字要两毛五，于是她要求刊登“Fred死了”。但报社表示每则消息至少要8个字，老妇人就说“Fred死了，售高尔夫球卡”。

——巴菲特致股东函（2002）

巴菲特认为，真正优秀的企业，都是控制成本的高手。一旦企业的运营成本过高，这通常就是灾难的先兆。

巴菲特非常喜欢低成本的优秀企业。巴菲特收购美国商业新闻就是个典型的例子。

美国商业新闻由董事长洛里洛克于1961年创办，洛里洛克是一位经验丰富的记者和公共关系高级管理人士。80岁高龄的他已经把公司打造成一家把信息传送到150个国家的25 000个客户的优秀企业。当时美国商业新闻的凯茜读到了《华尔街日报》上一篇关于伯克希尔公司与众不同的并购和管理运作的文章，于是她写信给巴菲特说美国商业新闻完全符合伯克希尔子公司的特征。巴菲特看到来信后就给凯茜打了个电话，很快就达成了伯克希尔与美国商业新闻的收购协议。而促使巴菲特这么快下决定的原因是，凯茜在信中提到美国商业新闻严格控制成本，没有秘书，也没有管理分层，限制一切不必要的支出，但却会大量投资以取得技术领先和推动业务发展。

巴菲特认为，过高的运营成本常常会给公司带来巨大的灾难。航空业就是一个明显的例子。当被问到怎样才能成为一个百万富翁时，维京亚特兰大航空公司老板布兰森说：“其实很简单。首先是你要成为一个亿万富翁，然后就是买一家航空公司，由于航空公司不断亏损，所以最终你的投资会慢慢变小，从亿万富翁变成百万富翁。”

这样说也许有些夸张，却也反映出航空业的现状。目前航空业的成本结构仍然停留在以前管制时代的高水平，但是营业收入却因为恶性的价格竞争而大幅度下滑。如果利润不断下降，而运营成本依然那么高，那么灾难也就无法避免了。

巴菲特就在航空业上栽过跟头。1989年伯克希尔公司投入3.58亿美元在美国航空公司年利率为9.25%的特别股上。本以为会大赚一笔，没想到犯了个大错误。伯克希尔公司刚投资没多久，美国航空公司的营业收入和支出差额就突然开始大幅度扩大，在1990年至1994年间累计亏损24亿美元。而亏损的原因一方面是同行间的价格竞争特别激烈，而更主要的原因就是航空业的运营成本太高。如果运营成本高的话，按理说就必须精简结构，降低员工工资，或者裁员，可是这真正实现起来也很不容易。

一般来说，具有经济护城河的企业其运营成本都比较低。投资者要尽量选择运营成本比较低的企业。运营成本越低，企业抵抗外界的能力就越强。如果运营成本过高，一旦得不到合理的利润，就很容易面临破产或者倒闭的风险。

账面利润具有迷惑性

> 我相信如果当初我当机立断关闭通用再保的证券部门，那么就能够省下1亿美元的损失。当初并购通用再保时，芒格和我就很讨厌证券部门，但账面上的盈余数据欺骗了我们。虽然我们认为这个部门风险极高，但我们无法进行有效的衡量或限制；甚至，我们也知道一旦部门产生重大问题，无论是金融方面还是保险方面，都将给伯克希尔公司的其他运营带来一些影响。
>
> ——巴菲特致股东函（2003）

巴菲特认为，经营业绩是企业很重要的指标。但投资者必须明白一点：账面利润和实际利润有时候并不是相同的。一般来说，只有企业本身知道企业的账面利润的来龙去脉。投资者根本不知道这账面利润是如何算出来的。所以投资者千万不能被账面利润迷惑。

有时候账面利润并不是实际利润。巴菲特在收购通用再保公司时，就觉得通用再保的证券部门有些问题。他和他的搭档查理芒格都觉得这个部门风险太高，容易发生一些重大问题，但是证券部门在账面上是赢利的，而且赢利利润还不低。就是这样的账面利润迷惑了巴菲特的判断，使得巴菲特没能及时关闭证券部门，给伯克希尔公司造成了很多损失。通用再保公司的证券部门之所以会亏损，归根到底是金融衍生产品惹的祸。2002年初，伯克希尔公司开始清算证券部门，发现该部门流通在外的合约有23 218份，交易对象多达884位。而这其中很多合约和交易对象都很陌生，连听都没听过，也谈不上评估信用了。经过两年的清理，依然没有完全清理完毕。而清理证券部门的代价高达2.6亿美元，如果很多金融衍生品无法兑现的话，损失将会更大。

巴菲特认为，投资者千万不要仅仅看到账面利润很高就雀跃。每个行业、每个企业都是不同的。由于某些行业风险很大，该行业的企业的账面利润很有可能这一时刻还是一个巨大的正数，下一时刻就变成一个巨大的负数。例如再保险行业就是这样一个风险时刻存在的行业。2001年，美国发生“9・11”恐怖袭击事件，所有再保险公司一共支付了高达350亿美元的理赔费用。1992年，安德鲁飓风来袭，所有再保险公司一共支付了155亿美元理赔费用。未来的事情谁都难以预料。所以在未来的一二十年内，如果发生什么巨大灾难，再保险公司需要支付高达1 000亿美元的理赔费用完全是有可能的。而一旦发生这种灾难，几乎所有的再保险公司当年一定是亏损的，甚至有的再保险公司可能会因为资金周转不灵而倒闭或破产。

由此可见，账面利润和实际利润并不是完全相同的。投资者一定要擦亮自己的眼睛，认真分析企业的账面利润，不要被账面利润的庞大数据而欺骗。

名气和广告并不能说明什么

去年我很激动地告诉大家，我们2000年将在广告行销上投入大笔资金，而且我还强调每一分钱都一定是花在了刀刃上。但事实证明我做错了。我们追加投入的广告经费并没有为我们相应增加咨询保险的电话。而且咨询电话的成交率几年来竟然首度出现下滑。由于这些不尽如人意的事态发展，使得我们今年每张保单的成本大幅增加。

——巴菲特致股东函（2000）

巴菲特认为，经济护城河对企业来说很重要，但是名气和广告并不代表经济护城河。投资者千万不要简单地把企业广告投入和名气大小与经济护城河画等号，否则很容易受蒙蔽。

2000年的政府雇员保险公司就是一个典型的例子。政府雇员保险公司的经济护城河主要来自它的低成本经营模式。2000年政府雇员保险公司投入了大量广告。巴菲特原以为这次投入可以既增加知名度，又提高经营利润。结果，这时候政府雇员保险公司的经济护城河不是拓宽了，而是变窄了。由于这些媒体上的广告曝光率过高，造成了资源浪费，抬高了投入成本。虽然很多人愿意通过直销方式在政府雇员保险公司投保，但似乎潜在的顾客都已经成为政府雇员保险公司真正的顾客了，而培养新的客户需要一定时间。再加上2000年事故发生频率和严重性都在提高，从而使得政府雇员保险公司对客户的投保资格审核越来越严，这也在一定程度上降低了业务量。这种严格审核的制度，使得客户投保政府雇员保险公司过去能够省下200美元，现在可能只能省下50美元，利润有所下降。虽然政府雇员保险公司的名气高了，但是收入却下降了。为了不再重蹈2000年的错误，从2001年开始，政府雇员保险公司开始大幅度地砍掉了那些不具备成本效益的广告投入。

StateFarm是一家巴菲特认为非常具有竞争优势的保险公司，它美国最大的一家互助保险公司，整个美国五分之一以上的汽车都在该公司投保。现在提起StateFarm，几乎美国人都知道。然而，StateFarm的经济护城河并不是一开始就存在的。1922年，美国伊利诺伊州一位45岁的农夫，由于不满纽约、费城等地的保险公司傲慢的态度，才成立了成立一家保险公司来抵制它们的长期垄断地位。由于StateFarm属于合作互助性质的公司，它的董事会和管理层都不能够拥有股份，所以它无法从资本市场上筹集资金。也因为没有资金，所以也不能提供丰厚的薪酬来吸引明星经理人。在那么艰苦的环境下，几乎没有人觉得这家公司有发展前途。可是事实往往都是难以预料的。StateFarm公司没有倒下，反而发展起来了，而且表现得非常出色，1999年时StateFarm公司已经在美国企业排行榜上名列前茅。

投资者不要单纯地认为有名气的就是好公司，没名气的就是坏公司。广告只是公司宣传的一种手段，名气只是公司的知名度而已。名气和广告并不能体现公司的赢利水平。

经济护城河是会变化的

30年前，柯达公司的护城河和可口可乐的护城河是一样宽阔的。但是现在的柯达已经不再像以前那样独占顾客的心了，它的护城河变窄了。可口可乐的护城河反而比30

年前变得更宽了。虽然我们没法真正看到一条护城河在变宽，但每当你看到可口可乐的工厂扩张到一个目前并不赢利但20年后会赢利的国家，它的护城河就加宽了一些。企业的护城河每天都在变，有的变宽有的变窄，10年后，你就会发现它们不一样了。

——巴菲特在佛罗里达大学商学院的演讲（1998）

巴菲特认为，优秀的企业必须拥有一条宽阔的经济护城河。但是这条经济护城河并不像那种真正的护城河一样，只要一次挖好了可以一劳永逸。这条经济护城河是会变化的。只有不断地把护城河进行加宽加深，才可以把竞争对手远远地甩在后面。投资者要选择具有越来越宽阔的护城河的企业进行投资。

优秀的企业通常具有坚不可摧的护城河。而最深的护城河就是消费者心理。如果企业的产品、文化等能够充分俘虏消费者的心理，那么企业就一定可以获得巨大的成功。

所谓消费者心理，是指消费者在购买和消费商品过程中的心理活动。一般是：先接触商品，引起注意；然后经过了解和比较，产生兴趣和偏爱，出现购买欲望；条件成熟，作出购买决定；买回商品，通过使用，形成实际感受，考虑今后是否再次购买。当今社会正面临前所未有的激烈竞争，市场正由卖方垄断向买方垄断演变，消费者主导的营销时代已经来临。

企业在开发产品的时候，通常都会对产品进行一系列的品牌规划。当产品进入市场与消费者面对面的时候，产品的品牌规划成功与否，主要就是要看消费者对产品接受程度和购买心理。

消费者对品牌的熟悉程度常常影响他们的购物行为。当他们在购买产品的时候，通常都首先会注意到他们熟悉的品牌，然后考虑是否购买。如果时间紧迫，这一因素对消费者的影响尤其显著。例如顾客想购买可乐，他首先想到的就是可口可乐和百事可乐。很多企业在广告上投入巨大。例如可口可乐就邀请了姚明、刘翔、SHE、张韶涵等明星代言，而百事可乐也不甘示弱，也邀请了谢霆锋、蔡依林、古天乐、罗志祥等明星代言。人们不仅能在电视上看到这些广告，在杂志、道路旁的宣传栏、网站等地方也都能看到这些广告的身影。而广告的目的就是为了让消费者熟悉品牌。

消费者之所以喜欢某种产品，是因为他相信这种产品会给他带来比同类产品更大的潜在价值。而潜在价值取决于产品的潜在质量。所谓潜在质量，它不是指质量监管部门检测出的质量，而是指消费者心中感受到的质量，是消费者主观上对一种品牌的评价。沃尔玛曾经在英国和美国做过实验，让顾客在不知品牌的前提下品尝可口可乐和沃尔玛自己的品牌生产的可乐，顾客并没有辨别出哪个是可口可乐。

也就是说，这两种可乐的口味几乎没有差别。后来沃尔玛就开始把自己的可乐品牌和可口可乐摆在一起自动贩卖，而且同样容量的可乐，沃尔玛自己生产的可乐销售价格仅为可口可乐价格的一半，可是大多数人们都还是选择可口可乐。这就是可口可乐的潜在质量。可口可乐之所以领先百事可乐一个多世纪，就是因为它以标榜“正宗”“原创”“独一无二”而使消费者相信它具有无可替代的价值，这就是它的潜在价值。事实上，一种品牌之所以能够打开销路，常常不是因为它的真实价值，而是由于它的潜在价值。潜在价值具有独特性、独立性、可信性和重要性。潜在价值就是名牌效应，就是一种观念，这种观念已深深根植于消费者的心目中。

一个企业要想做强做大，就要在充分了解消费者心理的基础上，认真做好产品的定位和品牌策略。只有深深打动消费者的心，企业才能够深深打动消费者的口袋。投资者在进行投资时，要尽量选择大家熟知的品牌企业。

忠告 5

集中投资是上策

——投资少数最优秀的企业

巴菲特建议投资者应该集中投资于自己最了解、风险最小、最优秀的公司："如果你是一位学有专长的投资者，能够对企业的经济状况有所了解，并能够发现5到10家具有长期竞争优势且股票价格合理的公司，那么对你来说传统的分散投资就毫无意义，那样做只会起到损害你的投资成果并增加投资风险。"

精心选股，集中投资

不要把所有的鸡蛋放在同一个篮子里这句话是错误的，投资应该像马克·吐温建议的那样，“把所有鸡蛋放在同一个篮子里，然后小心的看好它”。

——《巴菲特投资语录》

巴菲特建议投资者应该集中投资于自己最了解、风险最小、最优秀的公司：“如果你是一位学有专长的投资者，能够对企业的经济状况有所了解，并能够发现5到10家具有长期竞争优势且股票价格合理的公司，那么对你来说传统的分散投资就毫无意义，那样做只会起到损害你的投资成果并增加投资风险。但是令人不解的是，为什么那些分散投资的信奉者会选择一家在他喜欢的公司中名列第20位的公司来进行投资，而不是很简单地只投资于他最喜欢的公司——他最了解、风险最小、并且利润潜力最大的公司。用预言家梅伊·韦斯特(MaeWest)的话来说：好事多多益善。”

巴菲特认为必须集中投资于投资人能力圈范围之内、业务应该简单且稳定、未来现金流能够可靠地预测的优秀企业：“我们努力固守于我们相信我们可以了解的公司。这意味着他们本身通常具有相当简单且稳定的特点，如果企业很复杂而产业环境也不断在变化，那么我们就实在是没有足够的聪明才智去预测其未来现金流量，然而实际的情况是，这个缺点一点也不会让我们感到困扰。对于大多数投资者而言，重要的不是他到底了解什么，而是他们真正明白自己到底不知道什么。只要能够尽量避免犯重大的错误，投资人只需要做很少几件正确的事情就足可以保证赢利了。”

对于投资者而言，你的投资目标应该仅仅是用合理的价格去购买一些容易被你理解的业务的公司。并且你同样可以确定在开始的五年、十年甚至二十年内，这家公司的收益肯定能够有大幅度的增长。并且在相当长的时间内，你就会知道只有少数几家公司符合你的这些要求，所以一旦你看到符合你的标准的公司，你就应该毫不犹豫的大量的持有该公司的股票。

集中投资是散户的优势

这种投资方法集中投资——寻找超级明星股——给我们提供了走向真正成功的唯一机会。

——《巴菲特投资语录》

巴菲特认为既然集中投资是市场赋予散户的一个优势，散户更应该利用这个优势。事实上，集中投资这种方法尽管是一种快而准的投资方式，但长期被市场投资者所忽略。我们身边的不少人，10万元资金拥有5只以上股票的人不在少数，而这些人绝大部分应该是赔钱的。其实在现在的市场规模和流动性中，就算是1 000万的资金拥有一只股票也未尝不可，作为散户更多要做的是投资背后的工夫。

美国投资大师林奇在《战胜华尔街》中就表达过类似的观点：“在众多的股票中找到几个十年不遇的大赢家才是你真正需要的。如果你有10种股票，其中3种是大赢家，一两种赔钱，余下6～7种表现一般，你就能赚大钱。如果你能找到几个翻3倍的赢家，你就不会缺钱花，不管你同时选了多少赔钱的股票。如果你懂得如何了解公司的发展状况，你会把更多的钱投入到成功的公司中去。你也不需要经常把钱翻3倍，只需一生中抓住几次翻3倍的机会，就会建立相当可观的财富。假若你开始投资时用1万元，然后有5次机会翻3倍，你就可以得到240万美元；如果有10次翻3倍的机会，你的钱就变成了5.9亿美元。”

我们可以用一个例子来说明。假设一名投资者用10万投资，第一种情况是全部资金投资于一只股票，这个股票一年的收益为50%，那么如果股票下跌将会带来较大损失，此种情况下如果利用优势认真研究，将会在集中投资的情况下集中受益。

第二种情况是投资50%的资金于一年的收益为50%的股票，50%的资金投资于一只收益为30%的基金，它会在一定程度上降低收益，同时风险也有所降低，是一个理想的选择。但是失去了最大收益的机会，没有充分发挥优势。

第三种情况把30%的资金投资于收益为50%的股票，30%购买收益为30%的基金，20%买收益为10%的一只股票，20%存入银行，收益率为2%。此种情况下大幅度降低风险的同时也大幅降低了你的收益。是一种最保守的投资策略，过分分散，还不如购买基金或国债。如果分散买入多只股票，那么失败的可能性更大，因为散户既然连一只股票都不能选好，选好多只股票的概率会更低，按照一个无效的思路选股会造成很大的失败。因此，还是稳妥一点，采用集中投资，快而准地抓取你的收益。

其实，对散户来说，集中投资是一种快而准的投资方式。因为个人投资总是相对于机构投资者在集中投资上更有优势。机构投资者即便再集中，因为政策确定、回避风险和其他基金的竞争不可能使其资金过分地集中在几只股票上，个人的特征也决定了进行集中投资是快而准的。

在某种程度上，集中投资是对投资不确定性的一种回避，使投资尽量具有确定性后才投资，这在客观上存在一定难度。集中投资具有将更大比例甚至全部比例的资金筹码投资于高概率的收益品种上的特点，在集中投资前，精密仔细地分析研究和把握是必须的，在投资的过程中散户需要做到富有耐心、客观地、仔细地分析以应对股神不可预测的风险。

对于投资者而言，无论是在熊市或牛市，集中投资一只好的股票(以好的价格买到合适的股票)都是一种超值的回报。分散投资尽管有助于分散风险，但是也分散了收益。

集中投资的两大主要优势

我认为最近几件事显示出了许多躺着赚的有钱人遭到

了许多的攻击，因为他们好像没做什么事就使得自己的财富暴涨起来，然而在过去的那些积极活跃的有钱人来说，像那些房地产大亨、企业并购家和石油钻探大亨来说，却只能看着自己的财产一点一滴的缩水。

——巴菲特致股东函（1991）

在巴菲特眼中，最为优化的投资政策为集中投资，他用他几十年的投资经验也验证了这一点。但这种方式似乎有着异乎寻常的魅力，可以受到他如此长久的垂爱。它到底有什么其他策略不可比拟的优势？头脑中的疑惑仍需要进一步解决。

优势一：持股越少，风险越小

巴菲特认为，风险和投资者的投资时间也有关系。他解释说，如果你今天买下一只股票，希望明天把它卖出去，那么你就步入了风险交易。预测股价在短期内攀升或下跌的概率就如同预测抛出的硬币的正反面的概率一样，你将会损失一半的机会。如果你把自己的投资时间延长到几年，你的交易转变成风险交易的可能性就会大大下降。当然，你购买的必须是优势股。例如，如果你今天早上购买了可口可乐的股票，明天早上要把它卖出去，那么它是一笔风险非常大的交易。但是，如果你今天早上购买了可口可乐的股票，然后持有10年，这样，就把风险降到了零。

很多投资者为了规避投资风险，往往把资金分散在不同的股票上。与投资大师不同的是，他们根本不理解风险的本质，他们不相信赚钱的同时避开风险是有可能的。更为重要的是，尽管分散化是一种让风险最小化的方法，但它也有一个令人遗憾的副作用，即利润会最小化。

优势二：持股越少，获利越多

由于大多数投资者根据现代投资组合理论选择分散投资策略，采用集中投资的持续竞争优势价值策略就具有一定的竞争优势。正如巴菲特所说："我们宁愿波浪起伏的15%的回报率，也不要四平八稳的12%的回报率。"

巴菲特自从1965年接手伯克希尔公司后，伯克希尔公司每股净值由当初的19美元长到现在的50 498美元，年复合成长率约为22.2%。巴菲特之所以在能够在投资领域保持持续的获利，其中最大的愿景就在于他在获胜概率最大的股票上集中投入了最多的资金，所以能够40多年来持续的战胜市场。

投资者在集中投资的过程中，一定要知道集中投资的优势所在，当然在上面的分析中还没有把交易费用考虑进去。如果考虑交易费用，投资越分散，交易成本越大，战胜市场的概率更小。相反投资越集中，交易成本越小，战胜市场的概率越大。

确定集中投资的目标企业

以我们的财务实力，我们可以买下少数一大笔我们想要卖得并且价格合理的股票。比尔·罗斯形容过度分散投资的麻烦；如果你拥有40位妻妾，你一定没有办法对每一个女人都认识透彻。从长期来看，我们集中持股的策略最终会显示出它的优势，虽然多少会受到规模太大的拖累，然而就在某一年度表现的特别遭，至少还能够庆幸我们投入的资金比大家要多。

——巴菲特致股东函（1984）

投资者最忌讳的是游击战术，打一枪换一个地方的投资者，只能算是投机者，事实上，没有几个投机者能不败下阵来。为了不在股市血本无归，我们需要进行集中投资。

集中投资的前提是精心选股，一般说来，我们应集中投资于下述三种股票：

1.集中投资于最优秀的公司

作为投资者，我们都想投资于那些业务清晰易懂、业绩持续优异、由能力非凡并且为股东着想的管理层来经营的优秀公司。然而，这种优秀的公司并不容易寻找。一般说来，我们应借助以下标准来衡量。首先，评估每一家公司业务的长期经济特征；其次，评估负责公司经营的管理层的能力和水平；最后，以合情合理的价格买入其中几家最好的公司的股份。

如果你是一位学有专长的投资者，能够了解企业的经济状况，并能够发现5～10家具有长期竞争优势的价格合理的公司，那么传统的分散投资对你来说就毫无意义，那样做反而会损害你的投资成果并增加投资风险。我们不明白的是，为什么那些分散投资的信奉者会选择一些在他喜欢的公司中名列前20位的公司来进行投资，而不是很简单地只投资于他最喜欢的公司——他最了解、风险最小并且利润潜力最大的公司。

其实作为投资者，我们的收益来自于一群由企业经理人组成的超级团队的努力，他们管理的公司虽然经营着十分普通的业务，但是却取得了非同寻常的业绩，我们集中投资所要寻求的就是这类优秀的公司。

2.集中投资于你熟悉的公司

投资者为了真正规避风险，在投资时必须遵循一个能力圈原则。你并不需要成为一个通晓每一家或者许多家公司的专家。你只需要能够评估在你能力圈范围之内的几家公司就足够了。能力圈的大小并不重要，重要的是你要很清楚自己能力圈的边界。

作为一名投资者，你的目标应当仅仅是以理性的价格买入你很容易就能够理解其业务的一家公司的部分股权，而且你可以确定在从现在开始的5年、10年、20年内，这家公司的收益实际上肯定可以大幅度增长。在相当长的时间里，你会发现仅仅有几家公司符合这些标准，所以，一旦你看到一家符合以上标准的公司，你就应当买进相当数量的股票。

我们的策略是集中投资。我们尽量避免当我们只是对企业或其股价略有兴趣时，这种股票买一点、那种股票买一点的分散投资做法。当我们确信这家公司的股票具有投资吸引力时，我们同时也相信这只股票值得大规模投资。

只有很少的公司是我们非常确信值得长期投资的。因此，当我们找到这样的公司时，我们就应该持有相当大的份额，集中投资。

3.集中投资于风险最小的公司

西方投资大师之所以采用集中投资策略，是因为集中投资于投资者非常了解的优秀企业股票，投资风险远远小于分散投资于许多投资者根本不太了解的企业股票。

在股票投资中，我们期望每一笔投资都能够有理想的回报，因为我们将资金集中投资在少数几家财务稳健、具有强大竞争优势并由能力非凡、诚实可信的经理人所管理的公司股票上。如果我们以合理的价格买进这类公司的股票时，投资损失发生的概率通常非常小。

找出以上三类公司，然后重拳出击，集中持有，一定会为你带来意想不到的收益。

准确评估风险，发挥集中投资的威力

> "我们坚信，计算机模型预测的精确性也不过是臆断和毫无根据的猜测。事实上，这种模型很有可能会诱使决策者作出完全错误的决定。在保险和投资领域，我们曾经目睹过很多类似原因造成的灾难性结果。所谓的'组合保险'在1987年市场崩溃期间带来的破坏性结果，让一些笃信计算机预测的人们大跌眼镜，到那时为止，他们才真正意识到，真应该把这些计算机扔到窗外。"
>
> ——巴菲特在伯克希尔公司年报中的讲话（1996）

巴菲特认为确定风险不是通过价格波动，而是公司价值变动。所谓风险是指价值损失的可能性而不是价格的相对波动性。集中投资于被市场低估的优秀公司比分散投资于一般公司更能够降低真正的投资风险。

据《中国证券报》的报道，2006年12月份，深万科(000002)的有限售条件股份可以在二级市场上进行交易，这个消息对于万科最大的个人股东王先生来说是一个里程碑式的利好。他所持有的万科公司的股票可以上市流通了。

其实，王先生当初持有万科股票，是基于对公司管理层的信任，1988年12月末万科正式向社会发行股票，由于一家外商的临时变卦，在紧急时刻王先生投资400万元认购了360万股。在公司发展的快速扩张时期，他也积极参与项目的判断并给出自己的建议。

基于对万科公司的了解和信任，王先生开始集中投资于万科公司的资料显示，1988年王先生持有万科股票360万股，1992年王先生持有万科股票370.76万股，以后通过送股和配股以及二级市场的增持，1993年拥有503.29万股，1995年股数为767万股，2004年为3 767.94万股，2006年为5 827.63万股。前后18年，刘先生总共用了400万元集中持有了万科的5 827.63万股非流通股，这些股的回报率则达到了176倍。在2007年3月份回报率更是达到了300倍左右。

可以说，深圳万科的散户王先生通过集中长期持有万科公司的股票获得了巨大的收益。由此看来，集中投资虽不能让我们在短期内获得暴利。但是从长期来看，其所带来的总回报率是远远超过市场平均水平的。所以，集中投资需要我们有长远的眼光，关注长期的收益率，而不要过分迷恋短期的收益。

采取的集中投资战略是防止我们陷入传统的分散投资教条。许多人可能会因此说这种策略一定比组合投资战略的风险大。这个观点并不是十分正确。投资者应该相信，这种集中投资策略使投资者在买入股票前既要进一步提高考察公司经营状况时的审慎程度，又要提高对公司经济特征的满意程度的要求标准，因而更可能降低投资风险。在阐明这种观点时，我们可以将风险定义为损失或损害的可能性。

在赢的概率最高时下大赌注

集中投资要求我们集中资本投资于少数优秀的股票。在应用中最关键的环节是估计赢的概率及决策集中投资的比例，其秘诀就是在赢的概率最高时下大赌注。

——《巴菲特投资语录》

其实巴菲特所谓赢的概率，其实是对所投资企业价值评估的准确概率，而估值的准确性又取决于对企业在未来长期的持续竞争优势进行预测的准确概率。

估计成功的概率与我们在数学中学习的概率计算有很大的不同。传统的概率计算以大量的统计数据为基础，根据大量重复性试验中事件发生的频率进行概率计算。但是，我们投资的企业永远面对与过去不同的竞争环境和竞争对手，竞争环境、竞争对手及竞争对手的竞争手段，甚至我们投资的企业自身都在不断地变动之中，一切都是不确定的，一切也都是不可重复的。所以，我们根本无法计算企业竞争成功的频率分布，也根本无法估计成功的概率是多少。

但是为了保证投资获利，我们又必须估计成功的概率。一个有些类似的例子是足球彩票竞猜。每一次曼联队面临的对手可能都是不同的球队，即使是相同的球队，其队员和教练可能也有了许多变化，曼联队自身的队员及其状态也有许多变化，同时双方队员当天比赛的状态和过去绝不会完全相同，队员之间的配合也会和过去有很大的不同。那么，曼联队今天会输还是会赢呢？不管我们有多么庞大的历史数据库，也根本找不到与今天比赛完全相同的，完全可重复的历史比赛数据来进行概率估计。由此，我们唯一可做的便是进行主观概率估计。虽然主观评估赢的概率没有固定的模式可依据，但我们可以借鉴股神巴菲特的成功经验，他是用打桥牌的方法来估计成功概率的。

巴菲特一星期大约打12小时的桥牌。他经常说：“如果一个监狱的房间里有3个会打桥牌的人的话，我不介意永远坐牢。”他的牌友霍兰评价巴菲特的牌技非常出色，“如果巴菲特有足够的时间打桥牌的话，他将会成为全美国最优秀的桥牌选手之一。”其实打桥牌与股票投资的策略有很多相似之处。巴菲特认为：“打牌方法与投资策略是很相似的，因为你要尽可能多的收集信息，接下来，随着事态的发展，在原来信息的基础上，不断添加新的信息。不论什么事情，只要根据当时你所有的信息，你认为自己有可能成功的机会，就去做它。但是，当你获得新的信息后，你应该随时调整你的行为方式或你的做事方法。”

也许在伟大的桥牌选手与伟大的证券分析师之间，都具有非常敏锐的直觉和判断能力，他们都是在计算着胜算的概率。他们都是对自己基于一些无形的、难以捉摸的因素所作出的决策。巴菲特谈到桥牌时说：“这是锻炼大脑的最好方式。因为每隔10分钟，你就得重新审视一下局势……在股票市场上决策不是基于市场上的局势，而是基于你认为理性的事情上……桥牌就好像是在权衡赢得或损失的概率。你每时每刻都在做着这种计算。”

虽然，不是每个投资者都可以能够准确地计算出自己的概率，也并不是说让每个投资者都努力成为桥牌高手，虽然巴菲特借助打桥牌来计算成功的概率并不合适每个人，但是我们可以从中学习他的这种思维模式，也即时刻保持对股市全局的审视。判断什么是理性的事情，然后权衡输与赢的比率。

多元化是针对无知的一种保护

查理和我在很早之前就明白了一个道理，在一个人的投资活动中，作出上百个小一点的投资决策并不是一件很容易的事，这样的念头随着伯克希尔的资金规模的日益扩大而显得更加的明显。事实上在投资的世界里，很大幅度的对公司的成效有所影响，因此我们对自己的要求只是在少数的情况下够聪明就好了，而不是要每回都非常聪明。我们现在的要求只是出现一次令人满意的投资机会就好了。

——巴菲特致股东函（1993）

巴菲特上述这段话，无疑显示出了巴菲特对集中投资的赞同，他认为，“多元化主要是针对无知的一种保护。对于知道他们正在做什么的投资者而言，多元化是一件很没有意义的事。”他在解释多元化带来的困难时，引用了百老汇主持人比利·罗斯的一句话：“如果你娶了40个妻子，那么你会对她们中的任何一个都无法了解的清楚。”“巴菲特不能同时投资50或70种企业，那属于挪亚方舟式的老式投资法，如果那样的话你最后会像是开了一家动物园。巴菲特喜欢把适当的资金分配于少数几家企业。”少数几只股票将会占组合的很大比重。

巴菲特深深感不活跃是理智且聪明的行为。只要能够顺利实施你的投资计划，运用这种投资策略的投资者通常会发现，你的投资组合的很大比重是由少数几家公司的股票所占据的。这些投资者的投资回报类似于一个人买下一群极具潜力的大学明星篮球队员20%的未来权益，其中有一小部分的球员可能可以进到NBA殿堂打球，那么投资人从他们身上获取的收益很快将会在所有球员收入分成总和中占有绝大部分的比重。要是有人仅仅因为最成功的股票投资在组合中所占比重太大就建议他把那部分最成功的投资卖掉，这就像是有人仅仅因为迈克尔·乔丹对球队来说实在是太重要就建议公牛队把乔丹卖出一样愚蠢。

对于普通投资者而言，也许认为集中投资不是把风险也集中起来了吗？但是相反的是，这种集中投资的方法可以大大的降低风险，只要投资者在买进这类股票的股份之前，同时加强本身对企业的认知和竞争能力的了解程度。那么你就是将风险大大降低了，它的成效远远小于你应用的多元化投资策略。

巴菲特的投资组合

我不会同时投资50或70种企业，那是“诺亚方舟”的传统投资法。我喜欢以适当的资金集中投资于少数优秀企业。

——《巴菲特投资语录》

巴菲特一直将自己的投资方略归纳为集中投资，他只在精选的几只股票上投下资金。“选择少数几种可以在长期产生高于平均效益的股票，将你大部分资本集中在这些股票上，不管股市短期跌升，坚持持股，稳中求胜”，表达的就是巴菲特的集中投资思想。可以说，集中投资策略是巴菲特取得巨大成功的最大原因之一。

首先，让我们看看巴菲特的投资组合（如下图）。

公司	持股量（股数）	持股比例（%）	市值（美元）
美国运通	151 610 700	11.8%	73.12
可口可乐	200 000 000	8.2%	101.5
吉列	96 000 000	9.5%	35.26
H&Rblock	14 610 900	8.2%	8.09
HCA	15 476 500	3.1%	6.65
M&Tbank	6 708 760	5.6%	6.59
穆迪	24 000 000	16.1%	14.53
中石油	2 338 961 000	1.3%	13.4
华盛顿邮报	17 277 651	8.1%	13.67
富国银行	56 448 380	3.3%	33.24
其他	–	–	46.28

尽管这个投资组合的市值高达400多亿美元，但是他持有的主要个股却只有10家公司。

其中美国运通、可口可乐、吉列是巴菲特持有的股票中比较热门的股票，也是巴菲特精选的几只最优秀的股票。巴菲特曾经买入中石油的股票23亿多股，据有关资料报道，他已经抛售了相当一部分。

同巴菲特一样，许多价值投资大师都采用集中投资策略，将其大部分资金集中投资在少数几只优秀企业的股票上，却也正是这少数几只股票为其带来了最多的投资利润。这正好与80：20原则吻合：80%的投资利润来自于20%的股票。

投资者需要小心谨慎地把资金分配在想要投资的标的，以达到降低风险的目的。正如巴菲特所说，如果一个人在一生中，被限定只能作出十种投资的决策，那么出错的次数一定比较少，因为此时他更会审慎地考虑各项投资，才作出决策。于是，少而精的组合绝对是有着非常大的优势的，这也验证了费舍的那句“少就是多”的名言。

巴菲特选股22只，赢利318亿美元

“在与商学院的学生交谈时，我总是说，当他们离开学校后可以做一张印有20个洞的卡片。每次做一项投资决策时，就在上面打一个洞。那些打的洞较少的人将会更加富有。原因在于，如果你为大的想法而节省的话，你将永远不会打完所有20个洞。”

——《巴菲特投资语录》

巴菲特常说的就是“把鸡蛋放在一个篮子里”，然而目前占市场主导地位的现代投资组合理论所提倡的就是分散投资用以减少投资所产生的风险，可以看出巴菲特赞同：“对于每一笔投资，你都应当有勇气和信心将你净资产的10%以上投入此股。”

巴菲特在1977～2004年长达27年的时间里，他投资3年以上的股票仅有22只，但投资61亿美元仅仅选股22只就为巴菲特创造了318亿美元的投资回报，平均投资回报率高达5.2倍以上。《福布斯》的专栏作者马克·赫尔伯特根据有关数据进行的检验表明：“如果从巴菲特的所有投资中剔除最好的15项股票投资，其长期表现将流于平庸。”分析表明，巴菲特对自己集中投资的股票数目限制在10只，对于一般投资者集中投资股票的数目建议最多20只(20个洞的卡片)。事实上他集中投资的股票常常只有8只左右。

巴菲特的投资业绩之所以远远超过市场平均水平，关键在于他的集中投资。投资组合策略：巴菲特对自己集中投资的股票数目限制在10只。事实上他集中投资的股票数目平均只有8.4只左右，而占投资组合的比重平均为91.54%。

巴菲特管理的伯克希尔公司在过去的39年中，也就是巴菲特自1965年接手之后，伯克希尔公司每股净值由当初的19美元成长到2004年底的55 824美元，年复合成长率约为22.2%。在战后美国，主要股票的年均收益率在10%左右，巴菲特却达到了22.2%的水平。由于伯克希尔公司以上收益中同时包括了股票投资、债券投资和企业并购等，并不能直接反映巴菲特股票投资的真实收益水平。罗伯特·哈格斯特朗(1999)对伯克希尔公司1988～1997年10年间年报中披露的主要股票投资情况进行了分析，结论如下：如果巴菲特没有将大部分资金集中在可口可乐等几只股票上，而是将资金平均投资在每只股票上，那么同等加权平均收益率将为27.0%，比集中投资29.4%的帕收益率降低低2.4%，使其相对于标准普尔500指数的优势减少了近44%。如果巴菲特不进行集中投资，而采用流行的分散投资策略，持有包括50种股票在内的多元化股票组合，假设伯克希尔持有的每一种股票均占2%权重，那么分散投资的加权收益率仅有20.1%，略微超过标准普尔500指数1.2%，基本上没有什么优势。

可见，集中投资于获胜概率最大的股票，是巴菲特39年来持续以很大的优势战胜市场的主要原因。而集中投资的前提在于正确地选股，成败的关键在于选股的正确与否。

控制股票的持有数量的标准

集中投资于投资者非常了解的优秀公司的股票，投资风险远远小于分散投资于许多投资者根本不太了解的公司的股票。

——巴菲特

巴菲特一直以来都在坚持将自己的资金集中投资在几家杰出的公司上，他强调："如果你对投资略知一二并能了解企业的经营状况，那么选5～10家价格合理且具长期竞争优势的公司就足够了。传统意义上的多元化投资对你就毫无意义了。”要简单回答“到底买多少种股票才算是集中持股”的问题，按巴菲特学派的人来说，其答案就是持股最多不超过15种。大家都知道，巴菲特是倡导并实践集中投资的领军人物。在上世纪60年代还在他经营巴菲特合伙公司的时候，他就将公司40%的投资金额共计1 300万美元用于购买美国运通5%的股票，持有两年之后卖出持股，获得了2 000万美元的利润。在1988年至1989年期间，巴菲特拿出其麾下的伯克希尔·哈萨威公司大约1/4的资产，总计投资了10.2亿美元，购买了可口可乐7%的股票，开始了他在投资史上的一段佳话。巴菲特认为，只有投资人不了解他们自己在做什么的时候，广泛分散的投资策略才可以得到回报。

对于中小投资者来说，集中投资于一只股票意义更大，资金少于100万的投资者，最好不要搞分散投资。如果投资者账户中只有几万元，但买了二十只股票，每只股票只买几百股，结果由于太分散，收益被亏损明显消耗。更主要的是，这么多股票，一个普通投资者根本照顾不过来。一个人的精力是有限的，用同样的时间和精力研究3家公司和研究20家公司，其深度肯定是不一样的。如果投资者介入太多的股票，势必对上市公司一知半解，而且在统计成本、设计组合时都会搞得很复杂。一般的投资者购买3～4只股票就完全可以了。在投资时，如果通过对公司的分析，确实认为这只股票在一定的时期具有投资价值并能够带来较大的投资收益，筹码适当可以向这只股票集中。

在我们的投资操作中，“对投资略知一二”的投资者，最好将注意力集中在几家公司上。

信奉传统的投资理念实际上只会增加投资风险，减少收益率。投资者如果能够清楚地了解公司的经济状况，投资于少数几家你最了解，而且价格很合理、利润潜力很大的公司，将获得更多的投资收益。

从目前的投资环境来看，从市场上挖掘到5～10家具备长期竞争能力的企业，进行长期投资，是投资者最佳的投资组合。

忠告6

进行滚雪球式的长线投资

——放长线，钓大鱼

要有耐心，要有永久持有优秀股票的决心。巴菲特认为，如果买入一只股票，期待着它明天就要上涨，这是非常愚蠢的。能持续在股市赚钱的投资者，都是有耐心1个星期、1个月，甚至持续1年、10年持有同一只股票的。

复利的力量就是利生利

如果投资者希望在21世纪的股市中获得10%的年收益率，其中2%来自分红，8%来自股价的上涨，那么你就必须期待道指在2100年的时候能够达到24 000 000点（目前的道指是13 000点）。如果你的财务顾问能够向你保证每年两位数字的收益率的话，那么你就应该当心那些油嘴滑舌的所谓的专家的论断了，一旦你被他们的美好愿望欺骗的时候，就是他们填满自己腰包的时候了。

——巴菲特致股东函（2007）

有三句话是这样描述复利的，第一句是：“复利堪称是世界第八大奇迹，其威力甚至超过原子弹。”第二句是：“复利是人类最伟大的发明。”第三句是：“复利是宇宙最强大的力量。”这三句的话的意思是差不多的，但都表示了同一个意思来突出复利的力量。

怎么理解复利呢？复利就是利生利，如大家都熟悉的“驴打滚”的高利贷，那就是复利。对于股市中的投资来说，复利就是把得到的赢利再投入，形成利生利的收益增加。

在股市中，如果投资者以20%的收益率进行投资，初始投资为

10万元，来看一下他的赢利情况。

年份	资金额（万元）	累计收益率
1	12	0.2
2	14.4	0.44
3	17.28	0.728
4	20.73	1.07
5	24.88	1.488
6	29.8	1.98
7	35.83	2.58
8	42.99	3.29
9	51.59	4.15
10	61.9	5.19
11	74.3	6.43
12	89.16	7.91
13	106.99	9.69
14	128.39	11.8
15	154	14.4
16	184.8	17.48

上面我们计算了该项投资16年的收益情况，可以算出这16年的年平均收益率为109%，拿中国股市的投资者来说，如果你的初始投资为10万元的话，如果你的年收益率是30%的话，持有16年后，你的收益为678.4万，假如再投资40年就是2 450.3亿！

但问题在于很少有人有这个耐心，你要坚持投资56年，这期间肯定绝大多数投资者会做其他很多事，比如消费，犯错误。此外寻找长期收益率30%的企业也是很困难的一件事。

也许有人会质疑，短线投机的复利力量不是更大吗？答案是肯定的，但是前提是你的短期投机的次数要足够的少，失败的损失要足够的小，但是市场是很难预期的，而短线却恰恰依赖于精确的判断每天的行情，我们只能靠企业的成长获得可靠的收益，忽略中间的过程，只重视结果，所以短线客大部分都是不能赚钱的，而价值投资者却往往领先这些短线投机者。

复利是投资者成功的必备利器，短暂的追涨杀跌难成大气候。正如俗语所言："先胖不算胖，后胖压塌炕。"世界上众多成功的投资者莫不借助于长期稳定的复利的投资手段。

持有时间决定着收入的概率

> 如果你在一笔交易中挣了125美元然后支付了50美元的佣金，你的净收入就只有75美元。然而如果你损失了125美元，那么你的净损失就达到175美元。
>
> ——巴菲特

从上面这个现象可以看出如果投资者想通过短期的交易获得8%的收益率的话，必须要有三次成功的交易才能补的上一次的失败交易。那意思就是，短期投资者必须保证75%的交易师成功的才不至于损失。可见这个概率就变得很小了。因为股票市场是完全随机无法预测的，就像掷硬币游戏出现正面和反面的概率是一样的，下一桩股票交易的价格上升还是下降的概率也几乎完全一样。从长期来看，任何人在这样的游戏中都只有50%的概率能够赢利。

假如你有10万元的初始资金，如果你在一年之内交易了100次，按50%的概率来算，其中有一半每笔获利500元的，那么意味着另一半每笔遭受500元的损失。这样的情况到年终的时候，你的赢利就会为零。假如再把你每笔交易（买卖）的佣金费用（50元）算进去的话，那么年终你的资金的实际上是损失了1万元。即使你的这100次交易有60%都是赢利的，你还是处于亏损的边缘。假如你想获得10%的收益的话，这就要求你70%的交易都是能够赢利的，如果你在有点野心要达到年收益率到20%的收益的时候，你必须要有80%的交易都保证赢利才可以。

但是要让收益率达到70%或80%也并不是不可能完成的。但这就需要撇弃短期交易，利用时间的价值，下面两个图为1989年到1999年间标准普尔500指数的股价的变动情况。这里的前提假设为投资时随机的，指的是投资者在10年中每一天都随机选取标准普尔500企业的一家企业。下面两个图的对比表明持有股票的时间决定了投资者可能得到的收入，或者称“收入的概率”。

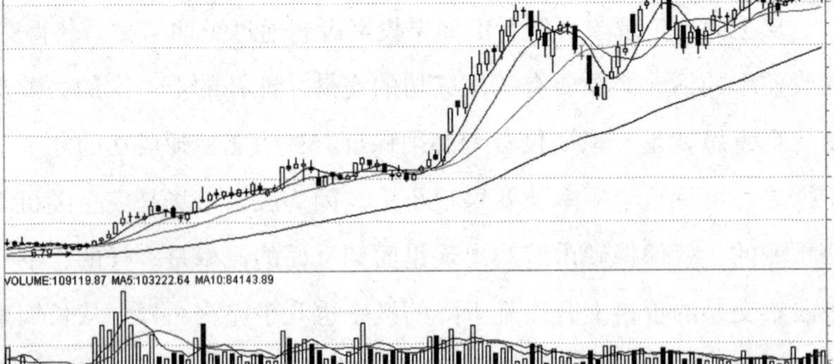

从上面两个图的对比情况来看，持有股票的时间愈短，收益率就显得愈随机，持股在一个月的情况下，收益呈现出高度的随机性和不可预测性，交易的成功率非常低，加上交易成本的存在，你的资金将遭受损失。但是在大势行情好的情况下如80%的标准普尔500企业的股票价格上涨。你如果幸运地抓住了这个机会，你就得到了高额的赢利。如果碰到绝大多数股票价格下跌的情况，这时候你选择股票的能力并不重要，因为无论你选择什么股票，你都不可避免地要损失资金。然而，你看第二个图的话，如果持股时间为5年的话，那么你成功的概率就达到了80%以上。

事实上，1个月的持有策略的交易成功率还不到50%。这一概率也许能够让你成为赌城中的大赢家，但是在股市中却注定要失败。因为如果你全部的短期投资中只有一半能够赢利，那么你很可能由于佣金和交易费用的原因在长期中损失自己的全部资金。短期投机交易就失去了它身上的光环。人们已经完全明白骰子只能用于娱乐，你永远也不会通过掷骰子来赚钱。然而依靠时间，却能大大提高你的获利概率，为什么不这么做呢？

累进效应是使复利效益最大化的秘密

复利有点儿像从山上滚雪球，最开始时雪球很小，但是往下滚的时间足够长，而且雪球黏得相当紧，最后雪球会变得很大很大。

——巴菲特《滚雪球》里的谈话

复利这块神奇的石头能够把铅变成金子，金钱是会增值的，钱能生钱，钱能生更多的钱。

复利所创造的差距是惊人的，假设有一笔10万元存款，分别在10年、20年和30年期间，以5%、10%、15%及20%的比率，在不考虑税负循环复利累进的情况下进行累计，其最终的累进价值会有惊人的差距。

仅仅是5%和10%的差异，对投资的整体获益会有惊人的影响。10万元以每年10%的获回报率经由免税的复利累进计算，10年后将会价值259374元，若将获回报率提高到20%，那么10万元在10年后将增加到总值为619 173元，20年后，则变成3 833 759元。若以10万元免税的年获回报率20%来累进计算，持续30年，其价值会成长到23 737 631元，这是一个相当可观的获利。

如果10万元以5%的免税年获回报率计算，经过30年后，将值432 194元。但是若年获回报率为10%，在30年后，10万元将值1 744 940元，倘若年获回报率再增加5%，即以15%累进计算，30年后，该10万元将变为6 621 177元，若再从15%调升到20%，10万元每年以20%累进，在30年后将会增加到23 737 631元。由此可见，相差甚微的百分比在一段长时间内所造成的差异是令人吃惊的。对长期投资来说，没有什么因素比时间更具有影响力。随着时间的延续，复利将发挥巨大的作用，为投资者实现巨额的税后收益。

如果你新设一家公司，只发行100股，每股10美元，公司净资产1 000美元。一年后，公司的利润是200美元，净资产收益率为20%。然后，将这些利润再投入公司，这时第一年年底公司的净资产为1 200美元。第二年公司的净资产收益率仍为20%，这样到第二年年底公司的净资产为1 420美元。如此运作79年，那么1 000美元的原始投资最终将变成1.8亿美元的净资产。

股神巴菲特也曾对10%与20%的复利收益率造成的巨大收益差别进行了分析："1 000美元的投资，收益率为10%，45年后将增值到72 800美元；而同样的1 000美元，在收益率为20%时，经过同样的45年将增值到3 675 252美元。上述两个数字的差别让我感到非常惊奇，这么巨大的差别，足以激起任何一个人的好奇心。"请注意，自从巴菲特1965年开始管理伯克希尔公司至今(2006年)，41年来伯克希尔公司复利净资产收益率为22%。也就是说巴菲特把每1万美元都增值到了2 593.85万美元。

"时间创造金钱，金钱创造自由"，想要通过投资致富，争取获得财务自由的投资人，越早进行投资理财就越能创造出高成长的风筝曲线，如果在正确的运用投资回报较高的投资工具，发挥出复利的最大效益，你就会拥有让自己都吃惊的收益。

长期投资能减少摩擦成本

事实上，摩擦成本是存在的，这样导致股东获得的收益肯定要比公司的收益要少。我个人的看法是：如果这些成本越来越高，进而导致股东们未来的收益水平要远远低于他们的历史收益水平。

——《巴菲特投资语录》

巴菲特认为，摩擦成本可以消减股东的收益，从而使股东的未来收益要低于他们预期的水平。所以巴菲特支持的是，如果投资者不准备10年持有某只股票的话，频繁的买进卖出会大大增加股票投资的摩擦成本，从而变相降低投资回报率。

一个真正称得上长期投资的例子是，道琼斯工业指数从1899年12月31日的66点上涨到1999年12月31日的11 497点，这整整100年间上涨了173倍，看起来升幅非常大，其实原因很简单，那就是20世纪美国的企业经营非常出色。投资者只要凭借企业繁荣的东风，躺在那里持股不动，就可以赚得盆满钵满。

巴菲特说，绝大多数投资者都没能赚到这样大的投资回报，这不能怪别人，只能怪自己。因为正是投资者受到了一系列伤害，才在相当大的程度上减少了本该属于他们的投资回报。

巴菲特这里所指的一系列伤害，主要是指股票投资中的频繁买进卖出。他说，这可以从一个最基本的事实来理解：在大多数情况下，投资者所能得到的投资回报应该和企业在这期间所能获得的收益同步。

也就是说，如果投资者100%拥有这家公司，而该公司在这10年间的积累增长了10倍，那么毫无疑问，这10倍资金积累都是这位投资者的。同样的道理，如果有1万名股东拥有该上市公司，那么这笔资金积累就应该是这1万名股东按照持股比例进行分配的。

然而现实是，这1万名股东中有的赚到了平均数，有的超过平均数，有的甚至还造成了亏损。投资者A通过聪明的买入卖出，能够得到比B更多的投资收益，但总体来看，这些A们和B们的盈亏是相等的。当股市上涨时，所有投资者都觉得自己赚钱了，但其中有一个投资者要抛出该股票，必定需要得到其他投资者的接盘才能实现交易。所以，如果不考虑摩擦成本的话，他们的盈亏是相等的。

现在的问题是，由于摩擦成本的存在，股东获得的收益肯定要小于公司的资金积累。巴菲特的看法是，这种摩擦成本有越来越高的趋势，相比而言，投资者未来的收益水平却要远远低于过去的收益水平，当然更要低于该上市公司总的收益水平了。

巴菲特在伯克希尔公司2005年年报中，以美国人最容易理解的一个故事对此进行了解释。他说，你可以想象一下，如果美国所有的上市公司都被某一个家庭拥有，并且这种情形将永远持续下去，姑且称之为BotrocAs。这个家庭在把投资所得分红纳税后，将会由于这些公司所获得的利润越来越多而变得越来越富有。就目前而言，美国所有上市公司的年利润大约为7 000亿美元，这就是说，这个家庭每年都有差不多7 000亿美元的收入。当然，其中必须有一部分要用于生活开支，但这个家庭每年的积蓄还是会以稳定复利不断增长的。并且，在这个BotrocAs大家庭里，所有人的财富都会以同样的速度增长，一切都显得协调有序。

对于投资者而言，现实的问题是由于摩擦成本的存在，股东获得的收益肯定要小于公司的资金积累。如果这种摩擦成本呈现越来越高的趋势，那么这势必会导致投资者未来收益水平的降低，当然也要更低于该上市公司的收益水平。在交易大厅中，总会有一群伶牙俐齿的家伙，百般劝说每一个投资者去卖掉某只股票，同时买入另一只股票，你需要知道的是，他们只是意图获得更多的手续费用，因为随着你交易次数的不断增加，这些伶牙俐齿的家伙就会从中获取越来越多的佣金。

长期投资有利于实行三不主义

我们很喜欢买股票，不过对于卖股票则又要另当别论了，仅从这点来看我们的步伐就像是一个旅行家发现自己身处仅有一个小旅馆的小镇上，房间里没有电视，面对慢慢无聊的长夜，突然间他发现桌上有一本书名为《在本小镇可以做的事》。这令他很兴奋，于是他翻开了这本书，但是书里却只有短短的一句话："那就是你现在在做的这件事。"

——巴菲特致股东函（1992）

巴菲特讲上面这个小故事的理由是想说，这为旅行家依然没有其他任何事情可以做，但是他的实际用意是，投资者一旦买入了某只股票一定要多看少动，只做价值投资，实行三不主义即不去看大盘，不相信技术分析，不去做预测。不要以为这种做法只适合于美国股市，事实上在中国的股市也同样适用。

例如，中国一位著名的投资者，开始的时候也和大多数人一样，依据技术分析炒股的。每天的任务就是坐在电脑前看技术图形，但是最后的结果却令人很失望。他在1999年开始研究巴菲特，并且在努力实践巴菲特的长期投资、价值投资理念对自己的行动计划来进行指导，把稳赚不赔作为最重要的原则。从1999年开始到2007年大牛市之前的熊市中，他依然每年取得了30%以上的投资收益率。如果只从表面的数据上来看，这样的业绩已经超过巴菲特了。

那实行“三不主义”的主要理由是什么呢？追其原因，对于长期投资者来说，这三样东西会动摇你的长期投资理念，不但对你没有帮助，反而会有害。最终会使你无法获得长期的丰厚回报率。

那么，如何对长期投资作出预测呢，巴菲特是怎么实现的呢？拿中国读者最容易理解的例子来说：假如手机出现了，这时候巴菲特就会考虑是不是要卖掉手中原来持有的传呼机公司股票；如果现在的消费者买相机都买数码相机、没人再去买原来的那种胶卷相机了，这时候他就会考虑是不是要卖掉手中原来拥有的胶卷相机公司股票。如果手中原来就没有这样的股票，那么今后就更不会去碰它了。

对于中国投资者来说，要作出投资的长期预测只需要做到对世界经济和中国经济以及行业发展有个大致的判断就够了。理所当然，只是依靠这样的预测还是对买入哪只股票无法作出准确的预测，投资者要做的主要功课就是对某只股票内在价值进行判断。当该股票的内在价值大大高于其股价时，大胆买入这样的股票并长期持有，就一定会获得丰厚回报。

中国投资者对长期持股特别反感，因为长期持有某只股票以后，放在那里几年股价反而越来越低。实际上，这并不是长期投资的错，而是你没有根据内在价值选股的原因，或是因为你当初买入的价格太高了。巴菲特给投资者的建议是，长期投资必须要耐得住寂寞，这就像出差到一个小镇上住在小旅馆里什么娱乐都没有、只能躺着睡觉一样。尤其是不要去看大盘、不相信技术分析、不去预测股市，这些做法都对长期投资没有好处。

长期投资能推迟并减少纳税

假如我们拥有一家年赚1 000万美元公司10%的股权，那我们需要按照比例将分得的100万美元中的部分支付给当地州政府与联邦所得税，其中包含：（1）约14万美元股利税负（我们大部分的股利税率为14%）；（2）至少35万美元的资本利得税，假如这100万没有进行分配，而后我们又要对公司进行处分（我们适用的税率约在35%左右，但有时也可能接近40%）。

当然，只要我们对该项投资不进行处分，这笔税负虽然可以一直递延下去，但最后我们还是需要支付这笔税金的。事实上，政府可以说是分享我们利润的主要合伙人之一，只是投资股票它要分两次，而投资事业则只能分一次。

——巴菲特致股东函（1989）

巴菲特上面这段话其实解释了为什么从经济实质而言，他更倾向于长期投资。因为长期投资会有助于推迟并减少纳税。这也是长期投资给投资者带来的好处之一。

假如伯克希尔公司只有1万美元的投资，此外它每年所能获得的投资报酬率为1倍。在这种情况下，假如伯克希尔公司每年都会将股票卖出去，但是因为卖出股票要交纳34%的所得税，这样在重复了

19年以后，在这20年间伯克希尔公司共需要给美国国库上交13 000万美元税金，而自己则可以得到25 250万美元。表面看起来这是一项不错的投资，但假如你在这20年间一直持股不动，也就是什么事情都不做，最终的投资回报却可以高达1 048 576万美元，在扣除34%的税金即356 516美元所得税后，自己可以得到692 060美元，这个数字对于前者来说就是倍数的关系，大概你都会为这个差距感到惊讶了。

如果你仔细研究一下上面的案例就会发起来，长期投资无论是对散户还是对政府来说都是双赢局面。正如上面的例子所述，如果伯克希尔公司在这20年间一直保持持股不动，在伯克希尔公司投资回报率大大提高的同时，政府从中收取的所得税也比前者要高得多。但是不一样的是，政府需要等到20年结束后、伯克希尔公司出售该股票时，才能将这笔税金悉数入库。

巴菲特坦言道，需要强调的是，伯克希尔公司的长期投资理念不仅仅是因为这种简单的数字逻辑。与此同时，它们对与上市公司双方之间建立起来的商业合作关系，彼此对这种情感会更加珍惜，这也会成为一个重要因素。更不用说，这种长期投资的前提是该股票本身值得长期拥有了。

长期投资有助于推迟纳税，并且还能合理避税。不要小看这仅仅是一点点差异，可对于投资者来说所得到的回报却是有天壤之别的。不过需要指出的是，由于我国目前还没有把股票投资所得纳入个人所得税征税范围，这一点有很大不同。所以投资者在考虑长期投资时，可以适当不考虑该因素。

长期投资有助于战胜机构主力

我们希望能够吸引那些有远见的投资者，因为在他们买入股票后，他们抱着与我们永远同在而不是订有卖出价格的时间表的打算。我们对于为何有公司的CEO希望自己公司的股份交易量越多越好的行为十分不理解，这意味着公司的股东组合会变来变去。比如在其他组织像学校、俱乐部、教堂等社会机构中，没有哪位主持人会希望自己的组织成员离开的，然而偏偏就有营业员就是要靠着说服成员离开组织来维生。你大概也听说过有人劝你“反正最近基督教也没有什么搞头，那下礼拜大家改信佛教好了”。

——巴菲特致股东函（1988）

巴菲特认为，长期投资是散户想战胜机构主力的唯一办法，因为长期投资可以比耐性，你拖得起，机构主力可拖不起。如果要比快进快出，你未必是它们的对手。要知道，在中国股市中，散户是很惧怕机构主力的，有些散户甚至唯机构主力的马首是瞻，千方百计打听的小道消息也主要是机构主力什么时间进货、出货了，是哪家机构主力？这有点像龟兔赛跑那则寓言故事。在股票投资中，兔子属于消息灵通、动作迅速的机构主力，而那些面广量大的散户则是一只只小乌龟了。乌龟如果想要在短时间内和兔子比速度，结果不言自明；可是如果要和兔子比耐力，最终结果是不一样的。最起码，乌龟的寿命要大大长于兔子，当兔子一命呜呼之后，乌龟依然可以在那里慢慢地匍匐着前进，这就是它最大的寿命优势。

以巴菲特的一项投资为例，在2002年2月21日的时候，纳斯达克指数已经跌到1 349点时，巴菲特仍然坚持相信，“尽管股市已经跌了3年，普通股票已经大大增加了投资吸引力，但我们仍然认为，即使值得我们产生中等兴趣的可投资股票也是寥寥无几。”接下来，巴菲特不是逐步买入股票，而是一再减持股票，2003年年末时手里拥有的现金已经高达360亿美元。

对于巴菲特来说，无论是买入股票还是卖出股票，他都有极大的耐心与机构主力进行比拼，虽然伯克希尔公司本身就是一家规模庞大的机构主力。拥有这样的耐心，只需要一些时间，就能在内在价值的顶部买到自己心仪的股票，然后在内在价值的底部卖出手中的股票，这个差价就已经很惊人了。投资者要按照价值投资的标准来对股票进行选择，这样的股票数量已经不多了；更何况需要你耐得住寂寞，当手中握有大量现金，遇到股市低迷时不到真正物有所值决不轻易出手，这些都会决定买到内在价值高于股价的投资品种。机构主力需要定期接受业绩的考核，虽然它们也整天吵着价值投资和长期投资，但是他们不会真正的付诸行动。相反，散户是不需要人为设置这些障碍的，他们完全可以和机构主力比耐力。

集中股力，长线投资

我认为投资者应尽可能少地进行股票交易。一旦选中优秀公司大笔买入之后，就要长期持有。

——《巴菲特投资语录》

巴菲特在四十多年的投资中，拥有十几只的投资股票使他赚取了大量财富。他认为投资人应该很少交易股票，但一旦选中优秀的公司而决定买入之后，就要大笔买入并长期持有。

巴菲特把选股比喻成射击大象。我们投资人所要选择的，是一只很大的大象。大象虽然不是常常出现，而且也跑得不是很快，但如果你等到它出现时才来找枪把，可就来不及了。所以为了等待和及时抓住这个机会，我们任何时刻都要把上了子弹的枪准备好。这就像投资人任何时候都准备好现金等待大好机会的来临那样。

巴菲特本身的投资，次数的确是很少的，但一旦投资了，就会很大笔。从他的所有投资实践中，我们就可以看到。巴菲特堪称是不受市场短期波动起伏影响的具有极好心理状态的典范，他很少在意股票价格的一时波动。他建议每个投资人都给自己一张卡片，上面只允许自己打12个小洞，而每次买入一种股票时，就必须打一个洞，打完12个，就不能再买股，只能持股。这样会使投资人转变成真正优秀公司的长远投资人。

作为一般投资者，需要耐心地持有他们手中的投资组合，不被别人的短线获利所诱惑。有很多股民手上持有的股票品种很多。甚至有一些散户就是喜欢买多种股票，这里尝试一些，那里买入一些，名下股票种类多得不胜枚举，等到最佳企业廉价购入的机会到来时，反而手上的资金所剩无几。这就像打猎时，大象一直不出现，使人失去了耐心，就连松鼠、兔子等小动物也照射不误，结果，等到大象出现时，子弹已经所剩无几。

事实上，投资组合越分散，股价变动的激烈性在对账单上的反应就越不明显。对于大多数投资人来说，分散投资的方法的确很安全，因为所有的波动都被分散投资抵消了。但事情的另外一面是，获利曲线相对平坦而乏善可陈。所以分散投资的方法虽然不会引起客户太大的情绪反应，但永远只能获得较为一般的利润。具体说来，我们进行集中投资，长期持股可从以下几方面着手：

1.选择10到15家未来能获利增长并能延续过去良好表现的绩优股;

2.分配投资资金时，要将大部分资金集中投资于未来获利能够高速增长的企业;

3.只要股票市场不持续恶化，保持投资组合不变至少5年，可能的话，越久越好。同时做好充分的心理准备，不被股票价格的短期波动所左右。

但是，值得长期持有的公司必须是优秀的公司，并且只有在这些优秀公司一直保持优秀之前我们看中的状况，我们才好继续持有它们。

记住，随便买只会使你的赢利不多。因为，这使你在股市偏低和偏高时，都有定期买入的现象。想想看，为什么巴菲特今天手上拿着总值近400亿美元的现金而还未投资!

我们不要一直手痒而想要这里尝试一些、那里买一点，希望能够碰运气的话，反而是集中精神寻找区区几家非常优秀的公司，那么，我们就能够确保自己不随便投入资金、买入自己不值得投资的公司。

集中投资是获得超额收益的良好途径，分散投资在分散风险的同时也会分散收益。凡是不敢于重仓持有的股票，无外乎对要购买的标的没有胜算的把握，但这并不能作为我们买股票的理由。因为，如果我们对要购买的企业没有把握，哪怕是一股，也不可以买入，正所谓只做最有把握的行情，只买最有把握的股票。虽然分散投资是限制风险的一个办法，但也可能分散得过了头，如果交易商在同一时刻把交易资金散布于太多市场的话，那么其中为数不多的几笔赢利，就会被大量的亏损交易冲抵掉。这里头也有个一半对一半的机会问题，因此我们必须找到一个合适的平衡点。有些成功的交易者把他们的资金集中于少数几个市场上，只要这些市场在当时处于趋势良好的状态，那就大功告成了。

巴菲特长期持有的股票类型

我认为投资者应尽可能少地进行股票交易。一旦选中优秀公司大笔买入之后，就要长期持有。

——《巴菲特投资语录》

巴菲特认为，投资不是一种短期的行为，他需要的是长期的持股。但是并不是每种股票都值得你长期持有，实际上，为巴菲特所认同的也不过那么几种，具体主要有：

1.能持续获利的股票

巴菲特判断持有还是卖出的主要标准是公司具有持续获利能力，而不是其价格上涨或者下跌。他所认为的持续获利能力，可以通过根据报告中的一些项目进行综合分析具体的公式为：营业利润+主要被投公司的留存收益—留存收益分配时应缴纳的税款；这样经过汇总后能够得出该公司的实际盈利。这样的方式将会迫使投资人思考企业真正的长期远景而不是短期的股价表现，这种长期的思考角度有助于改善其投资绩效。无可否认，就长期而言，投资决策的计分板还是股票市值，但股价将取决于公司未来的获利能力。投资就像是打棒球一样，想要得分，大家必须将注意力集中到球场上，而不是紧盯着计分板。如果企业的获利能力短期发生暂时性变化，但并不影响其长期获利能力，投资者应继续长期持有。但如果公司长期获利能力发生根本性变化，投资者就应毫无迟疑地卖出。除了公司赢利能力以外，其他因素如宏观经济、利率、分析师评级等，都无关紧要。

如果你选择投资获利能力强的股票，我们的结论是“长线是金”。

2.安全的股票

无论将资金购买何种股票，如果没有安全系数的保障，非但得不到预期收益，还会有赔本的可能。

巴菲特的重点在于试图寻找到那些在通常情况下未来10年或者15年、20年后的企业经营情况是可以预测的企业，因为这些企业具有安全性。

事实上，安全的企业经常是那些现在的经营方式与5年前甚至10年前几乎完全相同的企业。当然，管理层决不能因此过于自满。企业总是有机会进一步改善服务、产品线、生产技术等，这些机会一定要好好把握。但是，一家公司如果经常发生重大变化，就可能会因此经常遭受重大失误。

在1977～1986年间，《财富》杂志世界500强企业中总计1 000家中只有25家能够连续10年平均股东权益报酬率达到20%，且没有1年低于15%。

对于中国投资者在选择长期投资目标的时候，也可以按照巴菲特的方法对股票进行选择。通常情况下这样的股票都有两个显著的特点：

（1）其中大企业只使用相对于其利息支付能力来说很小的财务杠杆，真正的好企业并不需要借款。

（2）除了一家企业是高科技企业和其他几家是制药企业之外，绝大多数企业的业务一般都非常普通，它们大都出售的还是与10年前基本上完全相同的、并非特别引人注目的产品。

股票投资是一种风险较大的投资，其风险的存在让你不得不考虑投入资金的安全性。

股票投资风险来源于企业、股票市场和购买力三个方面，而投入资金的安全与否首先取决于企业的经营状况。在考察这些情况的时候，股票投资者要坚持投资活动的自主性，独立思考，自主判断，靠自己提醒自己，安全第一。正如巴菲特所说："现在避免麻烦比以后摆脱麻烦容易得多。"

挖掘值得长线投资的不动股

当然股东持有股份的时间越长，伯克希尔的表现与该公司的投资经验就会越来越接近，在他买进或是卖出股份的股票的价格相对于实质价值这家或是溢价的影响程度也会越来越小。这正是我们希望能够吸引长期投资者加入的原因之一。总的来说，从这个角度来看，我们做的是相当成功的，伯克希尔公司大概是美国大企业中拥有最多具有长期投资观点股东的公司。

——巴菲特致股东函（1996）

巴菲特选择投资标的物时，从来不会把自己当做市场分析师，而是把自己视为企业经营者。巴菲特选择股票前，会预先做许多充分的功课，了解这家股票公司的产品、财务状况、未来的成长性，乃至于潜在的竞争对手。他总是通过了解企业的基本状况来挖掘值得投资的“不动股”。

事实上，我们也要学习巴菲特挖掘值得投资的“不动股”的方式，事先做好功课，站在一个较高的视角，提供一种选股思路。我们要发掘的值得长线投资的“不动股”是价值被低估的股票，它可以是以下几种类型中的一种。

1.知识产权和行业垄断型

这类企业发明的专利能得到保护，且有不断创新的能力，譬如美国的微软等企业。

2.不可复制和模仿型

世界上最赚钱且无形资产最高的，不是高科技企业而是碳酸水加糖，可口可乐百年不衰之谜就在于那个秘而不宣的配方。而国内同样是卖水起家的娃哈哈，其无形资产就达几百亿。倘若我们生产民族饮料的上市公司，能够走出国门，前景将是多么广阔？而为可口可乐提供聚酯瓶的企业，生命周期会短吗？

3.资源不可再生型

譬如像驰宏锌诸、江西铜业、宝钛股份、云南锡业等，其因资源短缺，而促使产品价格将长期向上。

4.现代农业型

中国有广袤的耕地，有耕地就需要种子，像袁隆平一样优良种子公司一定会果实遍地。同时，人天天要吃肉，要吃肉就得养猪，要养猪就得有饲料，像希望集团等饲料企业，就充满了“希望”。

5.金融、保险、证券业型

譬如已经上市和即将上市的多家银行，平安保险、中国人寿、控股国华人寿的天茂集团和以中信证券为代表的证券公司，其成长性都既稳定又持久。

6.变废为宝的清洁能源环保型

譬如像以垃圾发电的凯迪电力、深南电力等。垃圾遍地都是，能让垃圾变成黄金，将会使投入和产出形成多大的落差？此外，以风电、光伏为代表的清洁能源，像湘电股份、天威保变、江苏阳光、赣能股份等，是未来发展的方向。

7.传媒教育型

传媒教育业因进入门槛高，垄断性强而值得长线投资，譬如新华传媒、华闻传媒、歌华有线等，因大股东注入新的资产，将重获新生。

8.投资基金型

投资基金以其专家理财的优势和持有大量的优质股票，净值成倍增长，具有高出银行利率数十倍的分红能力，是风险最小、长线投资回报极高的品种之一。

9.公用事业能源物流交通型

譬如机场、港口、集装箱、能源、供水、路桥等企业，此类企业因行业风险较小，一次投资大，持续成长周期长，而适合稳健型长期投资。

10.以中药为原料的生物工程型

我们已经上市的公司中，有的已经研制出抗癌药物和抑制艾滋病毒的药物，一旦形成市场规模和打入国际市场，其价值将超过美国辉瑞公司的万艾可。譬如有的股价还十分低廉的医药公司，已经生产出抗癌药“红宝太圣”。目前有一家业绩平平的医药上市公司独家生产的赛斯平和环孢素，是人体器官移植者终身必服的药物，中国有数十万人等待着器官移植，一旦这个市场被打开，其前景也将十分惊人。

11.国际名牌型

譬如已经走向世界的格力电器、联想集团、青岛啤酒等，随着国际市场份额的扩大，企业将永葆青春活力。

12.地产行业型

人民币升值地产业成为最大受益者,该行业龙头像万科、保利地产和即将举办奥运和世博会的北京、上海的地产公司都值得长线投资。

作为一般投资人，只要我们沿着这个路径，都能像巴菲特那样，从所有朝阳行业中找到具有“不动股”潜质的股票。不再依赖股评家荐股而相信自己，也许是未来炒股的新视角。

忠告 7

掌握好买入与卖出的时机

——买卖频繁是投资大忌

经常遇到“一买就涨，一卖就跌”等问题的投资者，通常是急功近利的，而这类人往往在股市中只有亏钱的份。股票买入后，在1个月内没有上涨，就会忐忑不安，匆忙地换股，结果这只票一抛出就涨了，而刚买的股票则出现亏损。不断重复这样的错误，最终只会“花费了时间，却带不来利润”。

价格具有吸引力时买进

我们在投资股票的时候的做法是，只有在能够用合理的价格买到足够吸引人的企业时才是可行性的方式，与此同时也需要温和的股票市场加以配合。这对于投资者而言，如果买入的价格过高的话，这势必会抵消掉这家企业哪怕是绩优企业未来十年的发展所带来的正面效应。

——巴菲特致股东函（1982）

巴菲特的思想就是投资某一只股票时，一旦价格大幅上扬，巴菲特就丧失对任何投资的兴趣。证券经纪人总将买什么与用什么价钱买的问题混杂成一个令人迷惑的难题，将投资人的注意力集中在买什么的问题上，而完全忽略价格问题。就像珠宝或艺术品的推销员，把形式美学放在功能问题之前，华尔街经纪人也认为一个企业的财务具有美学品质，并成功地将价格与实体做一区隔。

在1982年，巴菲特在观察发生在这年的几大型并购案时，他的反应并不是嫉妒，相反他对自己并不是其中的一员感到很庆幸。因为在这些并购的事件中，管理当局的冲动战胜了理智，那种对刺激过程的追逐使得追求者变得很盲目，一位法国最著名的数学家、哲学家布莱士·帕斯卡说过："所有的不幸都归咎于大家都无法安静的待在一个房间里。"在1981年很多企业的董事长都曾数次离开过那个房间，并且差点成为那个闹剧中的主角。

回过头来看看，我们最大的成就就是试图大手笔的去购买那些先前我们已经投入了许多公司的股份，但是由于很多无法控制的因素却无法执行，如果真的成功的话，那么当时的这笔交易必然会耗尽我们所有的时间和精力，但是却不一定能够获得很好的回报。假如我们去年把报告做成图表的形式来介绍本公司的发展，你肯定会发现会用两页的空白的跨页插图来描述这宗告吹的交易。

通常情况下，投资经纪人尽可能提高股票的价格以从中获利，所以，一般投资者几乎买不到廉价的股票。而发行的股票也以最可能的高价来定价，使发行公司得以借股票的发行获得最多的金钱，且投资的银行也能收到最多的佣金。那些打电话给投资人的股票经纪人都是佣金掮客，就像所有的掮客，他们只对能销售到最高价的项目感兴趣。

他们绝不会打电话告诉你：某某公司是家很棒的公司，但它的价格太高了。事实上，如众所皆知的，他们或许真的认为值得以任何价格收购某某公司的股票，但如果我们也加入这个游戏，那么我们就跟他们一样笨。值得谨慎的是，股票经纪人试图卖给你的是股票价格上扬的前景。所以你在投资时应像巴菲特一样，从商业观点出发。要反复询问的，不是正在上扬的股票价格而是所投资的行业是否能赚钱，能赚多少?一旦这些数字确定了，股价所能给予的利润就能计算出来。

只有在回顾历史数据时我们才能确定股市的低点和高点。但事实似乎表明，在股市下跌期间购买股票比在股市上涨期间购买股票要有利得多。你不必一定要恰好买到股价的最低点，有趣的是这些结论各种市场环境下都可以得到。无论是牛市还是熊市，股市中都会有许多短期交易的稍纵即逝的时机能够使投资者扩大其收益。投资者应当充分利用这些机会。

买入价格比买入时机更重要

> 在买进股份时，伯克希尔公司注意的只是价格而不是时间，进一步来看，就是与内在价值相对照下的股票价格。我想，如果因为担心短期因素的影响而放弃从长期来看前景很好的好的一只股票，这是一件非常愚蠢的事。为什么只是因为短期的不可测因素就放弃一只好股票呢？
>
> ——巴菲特致股东函（1994）

巴菲特上面这段话的意思是说，股票交易价格虽然必须合理，但更重要的是，随着时间的推移该企业能否会为自己创造越来越多的获利？如果这个问题的答案是肯定的，那么其他问题就是多余的。

伯克希尔公司1967年买进国家产险公司、1972年买下喜诗糖果公司、1977年买下水牛城日报公司、1983年买下内布拉斯加家具中心、1986年买下斯科特·费策公司时，都是在这些企业遇到困难的时候，虽然在时机的选择上是选在企业出现危难的时候，但更重要的是这个时候的企业的股票的价格是合理的。

当伯克希尔公司在寻找新的投资目标时候，通常情况下都会优先考虑增加原有投资的追加项目。因为他认为既然该企业过去能吸引伯克希尔公司投入，那么再重复这样的一个过程也会是一个不错的选择。

例如，伯克希尔公司就非常愿意继续增加在喜诗糖果公司、斯科特·费策公司方面的持股比例，如果实在无法做到100%控股，通过股票市场上买入部分股权也是很有意义的。就好像1994年伯克希尔公司增加可口可乐公司、美国运通公司的持股比例一样。在这些投资中，巴菲特首先考虑的是买入价格。在1951年巴菲特第一次购买政府雇员保险公司的股票。

当时该股票占他个人投资组合的比重高达70%。在25年后该公司在面临破产倒闭的危险之际，伯克希尔公司大量收购政府雇员保险公司的股票。华盛顿邮报公司的收购案例也是如此。在20世纪40年代他投资股票的第一笔资金中，有一半是来自自己业余投递该报的收入。30年过去后，伯克希尔公司在华盛顿邮报公司公开上市两年时，当时的股票价格特别低，所以买下了华盛顿邮报公司的一大部分股权。

当然，对于投资者而言，由于很难把握股票的“合理的价格”，所以这个有效策略虽然简单，绝大多数投资者却不敢采用，担心错过买入股票的良好时机。但事实是，股票买入的价格比时机更重要。如果没有合适的价格就一直等下去，等待它出现。他以国家产险公司、喜诗糖果公司、水牛城日报公司、内布拉斯加家具中心等的交易为例证明了这一点。

巴菲特建议投资者为自己投资的股票数设定一定限值，比如一年内只能买卖一两次甚至更少，这样就会迫使自己在众多的股票投资机会中选择到合理的交易价格了。

不要贪婪烟屁股投资法

> 假如你以很低的价格买入一家公司的股票，能够很容易找到机会以不错的获利进行出货了结，虽然从长期看来，这家公司的经营状况并不是很好。我称这种投资方法为“烟屁股投资法”将街头随处都能看到的香烟头，捡起来能够暂时缓解你的烟瘾，但对于真正的瘾君子来说，这并不能真正满足于他们的需求。
>
> ——巴菲特致股东函（1989）

巴菲特把上面所述的这种速战速决的投资方法称之为“烟屁股投资法”。意思就是说，如果你在街头捡到一根仍然点着的香烟屁股，这确实能够缓解你的烟瘾，但是对于真正注重长期投资的“瘾君子”来说就根本不是长久之计。这也就暗示给投资者，投资不仅需要强调价格合理，还需要强调物有所值，并不是要你一味贪图价格便宜就忽略长期投资价值。

举例来说，在1972年伯克希尔公司买入了喜诗糖果公司时，在当时该公司的年销售量已经达到了1 600万磅，每磅的销售价格是1.95美元，伯克希尔公司的买入成本是2 500万美元，税前利润有400

万美元。从表面上看来，这笔投资的价格好像并不是很低，但是巴菲特和查理·芒格认为，该公司仍然没有一种被开发出来的“定价魔力”。经过它们的计算，如果说现在将当前每磅1.95美元的喜诗糖果价格提高到2.25美元再卖出去的话，是一件很轻而易举的事。但是不要轻视这每磅0.3美元的波动幅度，1 600万磅就能够增加480万美元的额外利润。这样来看，原来是每年能过达到400万美元的税前利润，而现在看来应该被看做是980万美元。在这个时候，2 500万美元的买入价格就是一个十分合理的价格了，所以巴菲特会毫不犹豫地买入该股。

所以对于投资者而言，在买入股票时不能只看该股票的绝对值，而是要看该股票的相对值，如果只看该股票的绝对值的话，便宜的股票价格有时只是意味着一只经营业绩奇差的垃圾股，这种投资就是烟屁股式的。可能在开始的时候，你购买该股票便宜的价格确实是一大优势，但是很快这种价格上的优势就会被企业的不良的经营业绩侵蚀掉。

好股票即使价格好也不急着卖

1992年伯克希尔公司的股票投资项目与上一年相比几乎没什么变动，也许有人会说伯克希尔公司的管理层怎么昏庸到这个地步，一年内“几乎什么事情也没做”？我解释说，目前的这些股票都非常好，并且有优异的业绩表现，同时自己对这些股票又非常了解，为什么要卖掉它们呢？如果把它们卖掉，又到哪里去寻找比它们更好的投资项目呢？

——巴菲特致股东函（1992）

巴菲特赞同投资者买入股票的价格必须合理，只有买入价格合理，才能谈得上确保获利回报。但是在此基础上仍然还是需要考虑到卖出价格，不要仅因为价格较高就卖掉你手中的好股票，因为此时的价格与内在价值相比很可能仍然是偏低的。

当企业经理人在认定谁才是自己的本业时，从来都是要弄清楚情况，因为母公司是不会仅仅因为价格因素就将自己旗下最优秀的子公司给卖掉的。公司董事一定会质疑把他皇冠上的珠宝给变卖掉的理由，当场景转换到其个人的投资组合时，他又会毫不犹豫地甚至是情急地从这家公司换到另一家公司，靠的不过是股票经纪人的几句肤浅的话。其中最烂的一句就是，不会因为你的获利而破产。

比如，1919年时的可口可乐公司股票每股价格高达40美元，这个价格已经非常高了。但是在1938年可口可乐问世50年并且早已成为美国代表品牌后，每年都有许多投资大亨看好可口可乐公司，并且敬佩它过去的辉煌业绩，然后就发出自己发现得太晚了的结论，认为该公司的发展已到顶峰，因此不敢继续投资该股票。然而巴菲特认为，事实虽然是这样的，不要说1938年的可口可乐公司充满着挑战，就是在（1993年）又何尝不是呢？

可是这又怎么样呢？要知道，1938年可口可乐公司的年销售量为2亿箱（折算后），而1992年的销售量是107亿箱。也就是说，在接下来的50多年里又继续成长了50多倍。这表明，如果投资者在

1938年购买该股票，那时候游戏还没有结束，后面的情况会更精彩。那如果投资者在1919年购买40美元的可口可乐股票，然后把每年所得到的分红进行再投资，到1938年时一共可以获得3 277美元。可是，投资者如果在1938年购买40美元的可口可乐股票，到1993年时将可获得25 000美元。看到这里，投资者应该明白什么叫好股票了吧？

对于好股票来说，你什么时候卖出都是一种错误。所以他忍不住引用1938年《财富》杂志报道中的一句话说：“实在是很难再找到像可口可乐这样规模而且又能持续10年保持不变的产品项目。”他接着说，而现在又有55个年头过去了，可口可乐的产品线变得更加广泛，但这句令人印象深刻的形容词现在却仍然适用。所以，当投资者看到股价较高时就会希望把股票脱手，但是这个时候一定要考虑，这个价格是否大大超过其内在价值了。他以可口可乐公司50多年间的股价上涨为例说明，有时候股价是会“没有最高，只有更高”的。

抓住股市“波峰”的抛出机会

当人们对一些大环境时间的忧虑达到最高点的时候，事实上也就是我们做成交易的时候。恐惧是追赶潮流者的大敌，却是注重基本面的财经分析者的密友。

——《巴菲特投资语录》

巴菲特上面这段话，清晰的阐释出了股市中每个人都在追求着一个高点，试图把自己的股票卖一个好的价钱，但是往往内心的恐惧总是会阻碍自己将股票抛在合适的价位，这是需要一定的胆识的，人都有不可避免的恐惧心理，如果投资者能够对股市进行成功的基本面分析的话，把股票卖在一个波峰的时期并不是一件不可能的事。

股市中流传着这样一句话：会买是徒弟，会卖是师傅，要保住胜利果实，应该选准卖出的关键时机。股神巴菲特就有一种气魄，该出货的时候绝不含糊。

1987年10月18日清晨，美国财政部长在全国电视节目中一语惊人：如果联邦德国不降低利率以刺激经济扩展，美国将考虑让美元继续下跌。结果，就在第二天，华尔街掀起了一场震惊西方世界的风暴：纽约股票交易所的道·琼斯工业平均指数狂跌508点，6个半小时之内，5 000亿美元的财富烟消云散！第三天，美国各类报纸上那黑压压的通栏标题压得人喘不过气来：《10月大屠杀》《血染华尔街》《黑色星期一》《道·琼斯大崩溃》……华尔街笼罩在阴霾之中。这时，巴菲特在投资人疯狂抛售持股的时候开始出动了，他以极低的价格买进他中意的股票，并以一个理想的价位吃进10多亿美元的“可口可乐”。不久，股票上涨了，巴菲特见机抛售手中的股票，大赚特赚了一笔。巴菲特总是在关键时刻能够把握住机会卖出他的股票。

任何一种成功的投资策略中都要有一个明确的“抛出时机”。每个人都在为自己的股票寻找一个好的卖出时机，即寻找一个波峰。但是，并不是每个人都能够如愿以偿，这在具体操作的过程中，是需要掌握一定的技巧和方法的。股市的走势呈波浪式前进，正如大海的波浪一样，大市和个股的走势也有底部和顶部之分。因此，你要找到这两个点。当然，如果你能准确分析，找到确切的最顶或最低的点，那是最好不过的事。不过大多数人在绝大多数时间内是不可能做到这点的，就连巴菲特也没有这个把握。所以他总是这样认为，自己不一定能找到极致点，也不需要找到，只要在次高点或次低点就好了。而这两个点是常人都可以把握的。一般，当大市和个股在一段时间里有较大升幅时，就算没有政策的干预或其他重大利空，技术上的调整也是必要的。通常而言，升幅越大，其调整的幅度也就越大。当大市和个股上升到顶部时，及时抛出股票，就可以避免大市和个股见顶回调的风险；而当大市和个股调整比较充分之后入市，风险也就降低了。

在营业厅很冷清时买进，投资者可轻松自如地挑选便宜好货；而当营业厅挤得水泄不通时，虽然牛气冲天，市场一片大好，人们争相买进，但你一定要果断出手，这样不仅可以卖个好价钱，而且还可以避免高处不胜寒的风险。道理浅显易懂，可是做起来，投资者就未必能步步经营，处处留心。所以，投资者一定要保持对股市的敏感度，也要有自己的客观分析，然后再作出决定。

果断卖出不合投资标准的股票

我最喜欢持有的一只股票的时间期限是永远，但需要强调的是，我们不会仅仅因为股份已经增值，或因为我们已经持有了很长时间而卖掉它们。

——《巴菲特投资语录》

巴菲特一直都是坚持长期持股的，但事实上他认为只有极少数的股票才值得这样做。一个经济学家都会告诉你买入的绝大多数股票都是为了卖出，否则你永远不可能得到最大的利润回报。同理，在投资股票时，每个投资者也都该清楚这个道理。不然，你买入的应该是不动产，而不是股票。可卖出的时候也需要诀窍，卖什么样的股票，什么时候卖，卖多少，都是你要深思熟虑的问题。巴菲特认为，要卖出，首选就是投资对象不再符合自己的投资标准的股票。

巴菲特在1986年年报中公开声明，希望永久保留三种持股：大都会/ABC公司、GEICO和华盛顿邮报。但在迪士尼收购了ABC之后，迪士尼在网络繁荣中挥金如土，拖了发展的后腿，巴菲特从1998年开始减持，1999年几乎把持有的迪士尼股票都出售了。

巴菲特在2006年的股东大会上说："报纸仍然是很赚钱的，特别是与投入的有形资产相比，但其发展前景与二三十年前相比就不如当时乐观了。读者数量在减少，长期而言会侵蚀报刊行业的效益。我们仍然持有WorldBook（百科全书出版商），我们曾以每套600元的价格售出了30万套。问题是，随着互联网的发展，不再需要装帧和递送图书，人们就能在网上搜罗获取同样丰富的信息。不是说产品本身不再值此价钱，而是说人们有其他办法了。我看不出有什么事情能够改变这种趋势。"巴菲特认为，报纸和其他媒体行业的本质已经发生改变，但股票价格还没有反映这一点就有点让人担心了。巴菲特很可能会卖出华盛顿邮报和WorldBook等报刊类公司。

纵然，长时间持有一只股票是一件很明智的选择，但是并不是说要无条件的长期持有。比如：当公司内部发生了经营方式的变化或是公司所处行业的发展前景发生了重大变化的时候，都可以改变自己的持股策略，果断的抛售自己的股票。在巴菲特的投资原则中曾经着重提到，好的公司要有理智的管理者，即是削减成本的能手，而当遇到上述案例中的情况时，迪士尼公司的经营者的行为已经超出了理性分析的界线，阻碍了公司的发展。这种冒险式的行为使得巴菲特感觉到危及他的安全边际，当然就会抛出股份以避免风险。从这一角度讲，巴菲特十分注重对公司实际经营的考察。对他有着重大影响的学者费舍就十分注意公司的本质价值因素，尤其是对公司内部的管理能力的重视，这点也一直为巴菲特所深切认同。

如果发现一个行业的发展前景没有一开始那么好了，那他一定会毫不犹豫地卖出。因为没有了良好的发展前途，就根本不可能有良好的利润增值空间，那么也就不可能有较高的回报率。相反，这样的公司为了维持现有的状态，必然也会浪费更多无辜股东的钱财。

巴菲特设立止损点

不管你在一笔投资中投入了多少时间、心血、精力和金钱，如果你没有事先确定退出的策略，一切都可能化为乌有。

——《巴菲特投资语录》

很多长期投资者也许都会认为，巴菲特一旦买进，就永远持有，都不会卖出，那你就错了。巴菲特上面一句很简短的话，就可以看出大师对止损的重视程度。所以，像巴菲特这样的大投资家也会止损，在哪里止损？在所投资公司失去成长性时、基本面恶化时，止损！投资的止损不同于投机的止损，投机的止损只相对于价格的变化；投资的止损相对于基本面的变化。一份“止损单”是一份买进或卖出股票的交易单，当这些股票达到或超过一个预定价格时要执行。“买股止损单”一般在目前交易价之上被执行，“卖股止损单”一般在低于目前交易价的价格被执行。一旦触发该价位，该止损单就成为市场交易单，表明该投资者将在最有利的价位交易。

比如说，你以40美元的单价买了某公司的100股股票，现在它的价格只有28美元了，对于持有成本为4 000美元的股票来说，现在只值2 800美元，你损失了1 200美元。不管你卖掉股票而改持现金，还是继续持有股票，它都只值2 800美元。即使不卖，股价下跌时你还是会受损。你最好还是卖掉它们，回到持有现金的位置，这样可以让你从更客观的角度上思考问题。如果继续持有从而遭受更大损失的话，你将无法清醒地思考问题，总是自欺欺人地对自己说：“不会再降价了。”可是，你要知道还有其他许多股票可以选择，通过它们，弥补损失的机会可能要大一些。

再如，某股在10元、11元一前一后形成两个高点，股价一旦跌破前一高点10元，即是卖出的时机。此法用在对大盘走势的判断上准确度就较高，如上证指数2001年10月创出反弹的高点1 744点，12

月初突破该高点、创出新高后回落，12月11日有效跌破10月份的高点，头部确立，股指开始持续下滑，从1 700多点一路跌至1 300多点；2002年3月21日，上证指数创出1 693点的高点，6月25日指数又创出1 748点的高点后回落，7月22日跌破3月份的高点，随后股指反复盘跌，整整调整了半年左右的时间，直到2003年年初才在1 311点止跌；此法用在个股上也屡屡奏效，如金杯客车（600609）4月16日创出8.47元的高点回落，5月份再创新高，6月6日收出一根中阴线，跌破了4月份的高点，调整趋势正式形成；ST夏利（000927）的走势与金杯如出一辙，也是在4月份创出一个高点，5月份再创新高后回落，6月初跌破前高后开始反复盘落。此方法中所指的两个高点时间间隔可长可短，不过间隔稍长出现的两个高点准确度更高。

个人投资者一定要很明确坚持这样一个原则：每只股票的最大损失要限制在其初始投资额的70%到80%之内。由于投资额较大和通过投资种类多样化降低总体风险，大多数机构投资者在迅速执行止损计划方面缺乏灵活性。对机构来说，很难快速买入卖出股票，但快速买卖股票对它们执行该止损准则来说又是非常必要的。所以对于作为个人投资者的你来说，这是一个相对于机构投资者的极大优势。所以要利用好这一优势。记住，7%或8%是绝对的止损限额。你必须毫不犹豫地卖出那些股票——不要再等几天，去观望之后会发生什么或是期盼股价回升；没有必要等到当日闭市之时再卖出股票。此时除了你的股票下跌7%或8%这一因素，就不会有什么东西去对整个行情产生影响了。

作为投资者，每一次买进前要确定三个价位，即：买入价、止盈价和止损价。如果这个工作没有做好，严禁任何操作，学习止损并善于止损才是在股市中生存发展的基本前提！

当然，对于投资者来说，止损绝不是目的，但止损理念的彻悟和止损原则的恪守却是投资者通向成功之路的基本保障。在实战中，这一理念的不断贯彻将使投资者的出手成功率不断提高，出手点愈加精确，虽然不一定能做到“百战百胜”，但却一定会做到“百战不殆”，止损规则设定的终极目标必将显现出来！

巴菲特在股价过高时操作卖空

巴菲特认为，是否卖空股票，要看投资标的是否具备持久竞争优势，业务是否发生根本变化，以及股价是否够高而定。

——《巴菲特投资语录》

在1987年10月股灾之前，巴菲特几乎把手头上的股票卖掉了，只剩下列入永久持股之列的股票，所以遭受的损失较少。巴菲特认为，当有人肯出远高过股票内在价值的价格，他就会卖出股票。当时，整个股票市场已经到达疯狂的地步，人人争着去买股票，因此，他觉得已经有了卖股票的必要。

如果一位投资者有(多头)100股中国石化股票，并卖出(空头)100股，该投资者就是在持仓卖空。该策略经常被称为“完美的避险”。如果中国石化价格下跌，就无损失。相反，如果价格上涨，也无利润。

买入110元100股中国石化：11 000元

卖出115元100股中国石化：11 500元

如果两个仓位平仓了结，获利500元；如果该股价下跌，利润仍是500元；如果股价上升，两个仓位了结，利润也是500元。持仓卖空可以通过卖掉多头仓位并买回空头仓位来了结，或者用多头股份平仓了结空头股份。实际上用股票了结空头仓位时要求投资者给其经纪人下达一个命令书。如果没有支付股票的交易命令书，一般也就不用支付佣金。

作为一个投资者，并非一定要做卖空。大多数投资者专注多头，关注空头的人则少得多。只有少数投资者擅长多头的同时，空头也做得很出色。无论你是否想同时进行多，空投资，都是你个人的选择。即使对股市专家来说，卖空也极具风险；只有能力更高、胆量更大的人才敢尝试。所以，投资者不要仅仅因为股价看上去太高了就去卖空一支正在涨升的股票。那样的话，你可能会变得“一贫如洗”。

卖掉赔钱股，留下绩优股

不要轻易卖掉绩优股，不能因为股价上涨就卖掉，好股票涨了还会再涨，同时当公司的业绩表现不佳时，最好出脱全数持股，转到新的投资机会，即任何时候都牢记，卖掉赔钱股，留下绩优股。

——《巴菲特投资语录》

这是一个投资者需掌握的最主要的卖出法则之一，一个投资者卖掉正在赔钱的、可能继续下跌的赔钱股而留下收益显著的绩优股，不仅可以最大化自己的收益，同时可以最小化自己的风险。任何股价下跌都是亏损状态。股价下跌让投资人赔钱，损失利润。但是，在什么情况绩优股会变成赔钱股呢？主要评判的指标主要有以下几种：

1.成长率中等的绩优股股价已经上升30%，又没有什么特别的喜讯，投资者就应该及时脱手。

2.周期股企业如需求下降，存货过多，产品价格下跌，产品成本提高，或开工率接近饱和，新建厂房扩大产能，或国外竞争者进入市场时，投资者就要警惕。

3.成长股不可能永远成长下去。企业大到一定的规模，其业绩有回归到行业平均数的倾向，此时也需及时卖出。

4.成长股公司如果过分依赖少数客户，或产品易受经济周期的影响，或高级经理人员加入竞争者公司，投资者也需提高警惕，将股票脱手，另寻更有活力、前景更好的公司。

5.再生股再生之后就转化为别的股了。

例如克莱斯勒汽车公司股票原来2美元一股，后来长到5美元、10美元、48美元一股。这时股价也许还会上涨，但已到应该卖掉的时候了。因为股价的P/E值已高于利润增长率。假日旅馆股价的P/E值涨到40时就应该卖掉，因为美国不可能每20英里就有一家假日旅馆。雅芳化妆品公司股价的P／E值涨到50时也应脱手，因为不能指望每两个美国家庭主妇就有一个人使用它的香水。

不要轻易卖掉绩优股。不能因为股票的上涨就卖掉。好股票涨了还会涨。如果能够以符合商业利益价格的好运气，买进具有持久竞争优势公司的股票，就应该常买不卖。当然，一旦股价够高，出脱持股也绝对是合理之举。作为普通投资者，卖掉正在赔钱的有可能继续下跌的股票是很谨慎的行为。而留下收益显著的股票具有同样的意义，只要它们能够保持基本面的良好。当然要确定一只股票是否仍然是优胜股，要看价格调整的原因。如果总体市场走弱或“正常的”日常波动导致的股价下跌，该股票可能仍然是只优胜股。然而，如果跌价的原因是长期性的，那就必须要止损或是换股了。长期的原因可能包括：销售额下降、税务问题、诉讼、熊市正在出现、更高的利率以及对于未来利润的不利影响。这种情况下已经对长期的收入前景造成了不利的影响，这时就应该果断的卖掉赔钱股。

投资者要为股票周转率支付更多的佣金

考虑到我们庞大的资金规模，我和芒格还没有聪明到通过频繁买进卖出来取得非凡投资业绩的程度。我们也并不认为其他人能够这样像蜜蜂一样从一朵小花飞到另一朵花来取得长期的投资成功。

——巴菲特

从总体上来看，短期交易不仅影响着个人的投资业绩，同时它还阻碍着整个经济的发展，原因很简单，因为那些本可以更好地用于提高生产力的货币被浪费在了频繁的交易及其所导致的交易成本上了，那是从财政领域里抽取货币并最终导致货币的错误配置。

1999年，苹果公司每天的平均换手率已经超过7次，这样导致的结果就是，它的股份的持有时间就低于50天。在1999年苹果公司的股份交易超过13亿，但实际上该公司却只有1.75亿股份。苹果公司的股票交易，由个人及机构股东支付了4.5亿美元的佣金和交易差价，但实际上年净收益才只有3.85亿美元。

2000年初，大众软件公司股份的平均换手时间为92天。如果假设每股是0.06美元的佣金和1/8点的交易差价的情况下，那么交易成本的综合就达到每年1.91亿美元。但实际上公司的年收益只有6 200万美元。投资者为美国在线支付的总代理费用为18亿美元，实际上美国在线的年收益都没有超过7亿美元。

至2000年2月，雅虎公司的全部股份是以每年10.8次的转手速度在股市中交易的，这说明在市场中该公司的股票是每33天就全部转手一次的。雅虎的3.98亿股份在一年中的交易次数相当于43亿的股份交易。如果假设投资者在买卖股票时需要支付0.125美元的差价及0.06美元的佣金。按这个来计算的话，这43亿股份交易的总交易成本就是7.96亿美元，这即是投资者必须要支付的交易差价和交易佣金。但事实上，雅虎公司一年的总收入还不超过1.55亿美元。这就意味着，投资者是在用5美元的交易成本来换取他们对公司的1美元的收入。

股票的这种换手并不能给投资者创造任何经济价值，它的贡献就是给股票的代理行业带来巨额的收益。如果投资者持有股票的时间能够持续多年，那么公司的收益必将远远超过股票交易佣金的数量。然而如果股票的周转率过高的话，并且将这个趋势一年一年地延续下去的话，社会中持有股票的好处将会被忽视，更多的资金将从生产领域中抽取出来并注入交易的领域，从而取代了将它们重新注入能够获得赢利领域的机会。为了支付一元的收入必须支付的交易成本将远远超过一元。

忠告 8

让“市场先生”为你所用

——拒绝市场的诱惑和控制

巴菲特认为，市场只是资金的仆人而非向导。所以，巴菲特时常提醒其他股东，投资要想有大成功，必须经得住市场的诱惑和控制，只要你坚持住了，成功只是早晚到来的事。

认识市场的愚蠢首先要认识自己的愚蠢

事实上，人们充满了贪婪、恐惧或者愚蠢的念头，这点是可以预测的。而这些念头导致的结果却是不可预测的。

——巴菲特致股东函（1998）

巴菲特由衷地感觉到，自己真是愚蠢极了。有时候，认识到自己的愚蠢是一件对自己有利的事情。因为这样可以促使他对个人的性格和投资市场的情况进行全面的反省和检讨。

以巴菲特投资通用再保险为例，巴菲特对市场进行了分析，感到虽然通用再保险公司在国内的发展出现了停滞。但是，其业务在海外市场还是很有影响的，并且，海外市场的空白还很大。与此同时，和其他再保险公司进行比较，通用依旧有先天的优势。人们对再保险需求的潜力还在不断地增长。所以，巴菲特毫不犹豫地将手中持有的伯克希尔的A股股份全部进行出售，并且以合适的价格将公司的18%的股份出售出去。此外，又抛售了可口可乐和吉列公司两家的部分股份，于是达成了一项高达220亿美元的交易。

巴菲特这项决定是在很短的时间内完成的。巴菲特对公司资本的结构进行调整，为了迅速实现与通用再保险公司的强强联手。也许巴菲特真的捕捉到了市场的缺陷漏洞。在收购通用再保险公司的第一年，情况就发生了很大的变化。通用在汽车、飞机等方面的保险业务量达到了60亿美元。伯克希尔公司之后逐渐取代通用的地位，成为新的保险帝国。2000年6月，通用与科隆再保险公司合并，并成立了新的通用科隆再保险公司，归于伯克希尔的下属公司。

2000年年底，在巴菲特收购了通用再保险公司之后，公司采用剥离措施，不但投资额度提高了两倍，而且避免了各种税收负担。每一种股票都相对为公司增加了投资。也就是说，通过对通用再保险公司的收购与合并，不仅为伯克希尔公司带来了240亿美元的追加投资，并使公司在全球金融市场所占份额越来越多。巴菲特为此花费了很长时间和巨大精力，因而成果是可喜可见的。

对巴菲特打击最深的一次是在美国航空公司这个项目上的投资，很多公开场合，他都认为，这是一个值得深省的教训。在1989年，伯克希尔又购入价值3.58亿美元的美国航空公司优先股，对伯克希尔而言，投资资本密集和劳力密集的航空工业，是相当不寻常的举动。巴菲特说：我们之所以乐意投资美国航空公司的优先股，是因为我们对Edcolony的管理很有信心。并且看好航空公司的前景与优势。但是这一次的巴菲特的预期确是与原先的初衷背道而驰，美国航空公司在动荡不安的航空界急剧的萎缩，并且不断地暴露出种种的问题。在1988年到1994年间，大约亏损了30亿美元。

巴菲特为这次自己的愚蠢行为进行了检讨。在给哥伦比亚大学商学院的学生演讲时，他甚至规劝大家绝对不要投资航空业。并对这个行业成本过高且生产过剩进行了分析，他说这应该是全世界最差的投资标的之一。

对于投资者而言，中国股市是个非完全市场化的股票市场，听消息、信股评、跟主力资金的非理性的投机方式已经成为众多投资者认可的最普遍的投资模式。很多投资者甚至根本不对上市公司进行最简单的基本分析，闻到风吹草动，就蜂拥而起。一旦股价下跌，投资者就会悔恨当初自己的冲动、愚蠢的念头。也许你会怀疑是市场犯了错或者是消息的失误……事实上，是你自己的愚蠢连巴菲特都承认这一点，你为什么不坦然接受呢？

让“市场先生”为你所用

“正如舞会上的灰姑娘，你必须留意以下警告，否则一切都会变回到南瓜和老鼠：‘市场先生’是你的仆人，而不是你的向导。你总会会发现对你有用的是它的钱包，并不是它的智慧。假如哪一天它表现得愚蠢透顶，那么你可以对它不理不睬，当然也可以对它加以利用。但是假如你受到它的影响而犯错，那你的结果一定会十分悲惨。事实上，假如你不能确定是否比‘市场先生’更加了解你的目标公司，并能够对公司价值进行正确的评价，那么你就不要参加股票投资游戏了。正如他们在扑克牌游戏中说的那样：如果你玩了30分钟后还不知道谁是笨蛋，那么那个笨蛋就是你”

——巴菲特致股东函（1987）

巴菲特把市场亲切的比喻成“市场先生”，他试着将股票市场的波动当做是一位“市场先生”，无论如何，“市场先生”每天都会给投资者一个报价，并且，市场先生有一个毛病，那就是他的情绪很不稳定，他高兴时，就会把企业的股价提到很高的价位，以免被投资者买走，当他非常沮丧的时候，他就会提出一个非常低的报价把股份卖给你。此外，它并不在乎受到冷落，如果今天他提出的报价并不为人所接受，他隔天一定还会重新提出报价，然而在这种情况下，他是容易出错的，他的错误越多，你就越可能得到更多的好处。所以，市场先生是为投资者服务的。千万不要受到他的诱惑而是要利用他那充满金钱的口袋和他的草包的脑袋。

在2008年1月17日，沪深300以5 445.80点开盘，最高达到5 533.65点，最低为5 226.64点，收盘为5 365.62点，跌了140.10点。沪深两市的成交量分别是1 770和826.9亿。沪市涨幅前三名分别是:东风科技10.04%沈阳新开10.01%国祥股份10.00%跌幅前三名分别是:吉林森工9.98%六国化工9.92%南京化纤9.47%.资金流向：中信证券48.30亿中国石化36.72亿中国远洋34.95亿。深市涨幅前三名：深纺织A10.05%欣龙控股10.02%海虹控股10.02%跌幅前三名：华东科技10.02%永安林业10.01%高金食品10.00%资金流向:万科A29.67亿五粮液13.91亿吉林敖东11.74亿.

2008年1月17日，上证指数跳空低开，对当日的缺口进行了回补，然后一路下跌到5 039.79后，收盘有所回升，最后的收盘点数为5 151.63点，K线呈现出一个带上下影的中阴线，成交后再度放大，盘面上个股一片绿色，在前两天上证指数大幅下跌的情况下，再度拉出一根中阴线，市场的情绪立刻由前几天的乐观转变为对后市的怀疑、悲观，其实市场并没有变，依然是那个市场，只是由于它没有按照我们的愿望走，本能地我们就把它排斥到了另一边，事实上错的并不是市场，而是我们的排斥。

虽然从今天看来，“市场先生”的寓言已经过时了，但是目前市场上仍然有大多数职业选手和学术人士都在谈论有效的市场、动态套期保值和估值。让人感到难以理解的是他们对这些事情相当地感兴趣因为裹着神秘面纱的投资技巧显然对投资建议提供者有利。然而对于那些喜欢听取投资建议的投资者来说，市场秘籍的价值却是另外一回事。对一家企业进行良好的判断，将思想和行为同围绕在市场中的极易传染的情绪隔绝开来，会让一个投资者成功。务必记住的准则就是：“市场先生”是为你服务的，不要把他当成是你的向导。

反其道而行，战胜市场

当我看到1988年很丰硕的套利成果后，你可能会认为我们应该继续努力以获得更丰厚的回报，但实际上我们采取的态度就是继续观望。

然而，当我们决定在长期期权方面上的投资要大幅提高的理由是：目前的现金水位已经下降，如果你经常读我们年报，那么我们的决定并不是基于短期股市的表现，我们更注重的是对个别企业的长期经济展望，我们从来没有、以后也不会对短期股市、利率或企业活动做任何评论。

——巴菲特致股东函（1988）

巴菲特认为，反其道而行，即反向投资策略，是我们回避市场风险，保证投资获利的关键。

所谓反向投资策略，就是当大多数人不投资时，投资；当大多数都急于投资时，卖出。反向策略的观念非常简单，只要能做到“人弃我取，人舍我予”就好了。但要实践反向策略，必须克服人性的弱点，要能做到不从众，能够独立判断，忍耐寂寞，才能制胜。大部分的投资人都是当周遭亲友一致认同的情况下才开始投资；而炒股高手正好相反，除非知道大部分的亲友都担心恐惧时才开始考虑投资。反向策略者相信当大众对未来的看法趋于一致时，大部分的时候是错的，同时反转的力量会很大。

反向投资策略为何如此有效？理由很简单，如果市场中大多数的人都看好价格会继续上涨，此时进场投资的人及资金早已因为一致看好而大量买进，所以价格通常因大量超买而产生超涨的景象。又由于该进场的人与资金都已经在市场内了，于是市场外能推动价格上涨的资金所剩无几，且市场中的每个人皆准备伺机卖出，导致整个证券市场潜在供给大于需求，因此只要有任何不利的因素出现，价格就会急速下跌。反之，如果市场中大多数的人都认为价格会继续下跌，此时该卖的人早已因为一致看坏而大量卖出，所以价格通常因大量超卖而产生超跌现象。又由于该卖的人都已经不在市场内了，于是市场内想卖出的浮动筹码已少之又少，所以卖压很少，且市场外的每个人皆准备逢低买进，导致整个证券市场潜在的需求大于供给，因此只要有任何有利的因素出现，价格就会急速上涨。

那么我们该如何衡量大多数人的判断思维呢？一般说来，如果股市处于上升高速阶段，此时几乎每人的股票账户上都赚得盘满钵溢，大多数股民兴高采烈，忘乎所以。此时的媒体、股评人更加激动，大肆渲染多头市场的发展趋势，为股民描绘一个又一个创新高的点位。外场的资金也经不起诱惑而积极加入炒股大军，大有全民炒股的态势。这时就可以判断大多数人的思维处于什么态势。如果用反向投资策略，此时就要做到“众人皆醉我独醒”，众人皆炒我走人。如果股市处于下跌高速阶段，此时几乎每人的股票账户上昨天还是赚得盘满钵溢，转瞬之间就烟消云散，严重套牢了，大多数股民垂头丧气，万念俱灰。此时的媒体、股评人更加悲观，大肆渲染空头市场的可怕发展趋势，为股民描绘一个又一个创新低的点位。证券营业部门口的自行车也明显减少。入场的资金和赢利的资金纷纷撤离，大有全民空仓的态势。这时就可以判断大多数人的思维处于什么态势。如果运用反向投资策略，此时就要做到“众人皆醉我独醒”，众人皆空我做多。

例如，1996年10月到12月初，1997年2月到5月，沪深股市开始猛涨，当时几乎每人的股票账户上都赚得盘满钵溢，有人甚至提出“不怕套，套不怕，怕不套”的多头口号。管理层当时接连发十几个利空政策，但是大多数股民不听，结果后来套得很惨。2001年6月14日，沪指创新高2 245点后，媒体、股评人更加激动，大肆渲染多头市场的发展趋势，为股民描绘一个又一个创新高的点位，2 500点，3 000点……大多数股民还处于多头思维中。这时如果用反向投资策略，就要众人皆炒我走人，不玩了。

又如：2001年7月后，股市处于下跌高速阶段，此时严重套牢的大多数股民垂头丧气，万念俱灰。而媒体、股评人更加悲观，大肆渲染空头市场的可怕创新低的点位。有人甚至提出沪指要跌到800点、400点。资金纷纷撤离观望。这时就可以判断大多数人的思维处于空头悲观态势。如果用反向投资策略指导行动，就适当时机入市，完全可以在2001年10月，2002年6月和2006年打一个漂亮的反弹仗和反转仗。

然而这里需要注意的是，反向操作并不是单纯地机械式的逆势而为，为反对而反对比盲目跟风风险更大。股票市场对于公司股价判断正确与否的概率几乎是一样的，因此投资人唯一能与市场大众反向操作的状况应为：股票市场对于事件的心理反应似乎已到了疯狂的极致；对于公司财务资料的分析大家都错了。尤其需要注意的是，当缺乏足够的论据支持自己的反向操作观点时，千万不要与市场对立。

正确掌握市场的价值规律

伯克希尔的经营目标是意图获得高于一般美国企业的长期投资回报率，我们都愿意以合理的价格购买部分和大部分具有竞争力的企业，这不仅有助于实现我们上述的这项目标。再有，我们不具有控制权的股份投资其市值的成长要高于其实质的经济利益的增长。

——巴菲特致股东函（1982）

“如果你是一个明智的投资者，你会让‘市场先生’每天的意见来决定你对自己1 000美元股份的看法吗？在你同意他的想法时，或者你想和他做交易时，或者当他报给你一个高得不可思议的价格时，你可能会很高兴把股价出售给他。而当他报出一个极低的价格时，你可能也会同样乐意从他那里购买一些股份。但其他时候，你根据公司关于其运营和经济状况的报告来形成自己的判断将会更加明智。”

在1949年，格雷厄姆在《聪明的投资者》中，通过一个“市场先生”的精彩寓言对股市中的价值规律作了非常形象的描述：

“假设你投资于某一私营企业1 000美元的小额股份。你的一个同伴，我们可以称其为市场先生，非常乐于助人，每天告诉你关于他对你的股份价值的判断，并根据他的判断提出建议购买你的股份或者卖给你另外一些股份。有时你根据自己对该公司业务发展和前景的分析，会觉得他的想法好像是合理和正确的。但是，更多的情况是，他过于兴奋或过于忧虑，以至于有时让你甚至觉得他的建议有些愚蠢。”

举例来说：在1982年伯克希尔的净值增长，大概达到了2.08亿美元，相对于5.19亿美元的期初净值，大约有40%的增长率。总体来看在巴菲特接掌伯克希尔公司的18年内，该公司的账面价值由最初的19.46美元增长到现在每股737.43美元，总计起来，年复合增长率已经大约有22.0%。这种情况是一般董事长最高兴的事，但是巴菲特却并没有多在乎，他甚至暗暗地希望股价能够再低一些，因为这样他就可以逢低建仓了。

“真正的投资者，当他拥有流通的普通股时，应该处于这样的地位：根据他自己的判断和能力，他既可以从每天的市场价格中谋取利润，也可以对此不予理会。他必须关注重要的价格波动。否则他的判断将无据可依。”

随着国内金融市场的迅速发展，对金融市场的研究也逐渐深入，越来越多的研究证明证券市场价格波动也是基本上符合价值规律的。证券的价值是由该证券对企业资源的要求权的价值决定，证券交易依据证券的价值量来进行，证券交易价格取决于其内在价值。尽管市场短期波动中经常使价格偏离价值，但市场从长期来说偏离价值的股票市场价格具有向价值回归的趋势。掌握了股市中的这种价值规律，我们作出的投资决策将会更加明智。

不要顾虑经济形势和股价跌涨

在1919年，可口可乐的股票公开上市的股票价格为40美元，直到1920年，当时市场对可口可乐的前景十分不看好，这就导致了可口可乐的股价下跌到19.5元的价格。然而，直到1993年底，如果能够将当时收到的股利再重复的投资下去，那么当初的股票的价值就会变成210万美元。正如格雷厄姆说过的那样，从短期来看，市场只是一个投票的机器，这不需要投资人具备智能或是情绪来控制，只要你有资金就可以办到；但是从长期来看，股市却是一个称重计，它能够衡量出哪只股票具有可投资价值。

——巴菲特致股东函（1993）

巴菲特提醒投资者在投资时要谨慎，不能轻率的进行投资，不能只做股市中的投票机。拿可口可乐与吉列公司的股票为例。

从1991年到1993年，可口可乐与吉列每股的获利的增加幅度分别为38%和37%，但是对比当时同期的股票市价却只有11%和6%。也就是说，巴菲特选择的这两家股票的价值已经超越了当期股票市场的表现。在当时，华尔街对可口可乐品牌有很深的疑虑，他们都对这两只股票存在怀疑的态度。但是等到数年以后，情况发生了逆转，可口可乐和吉列的股价发生了报复性的暴涨，并且远远超过了每股盈余的增长。

上面这个案例就是投资市场上“投票机”和“体重计”的写照。正如不同的投资者有不同的风险承受能力，这关键并不在于追求最高的投资报酬率，而是发现最适合自己的投资品种。从短期来看股市是一个投票机，但是，从长期来看，股市确实一个称重机。无论你投资哪类品种，不能仅仅依靠市场上的“时尚风向标”“人气指数”，也需要进行“量体裁衣”打造有把握的投资目标。

有效利用市场无效，战胜市场

在过去的63年来，大盘整体的投资报酬大概只有10%。这指的就是最初投入1 000美元，63年后就可以获得405 000美元；但是如果能够得到的投资报酬率为20%，（这个回报率是伯克希尔以及巴菲特的老师格雷厄姆的公司的长期投资业绩），现在就能变成9 700美元。

> 不管它们已经对多少学生产生了误导，市场效率理论还是继续在各大企业管理名校中列为投资课程的重要教材之一。
>
> 当然，那些已经被骗的投资专家在接受市场无效率理论后，对于我们以及其他格雷厄姆的追随者实在有很大的帮助。因为不管在哪项竞赛中，不管是投资、心智还是在体能方面，要是遇到对手在被告知思考和尝试都是徒劳，对于我们来说，都是占尽了优势。
>
> ——巴菲特致股东函（1988）

巴菲特曾经说过：如果市场总是有效的，我只会在大街上手拎着马口铁罐到处流浪。按照有效市场理论，除非靠机遇，否则几乎没有任何个人或团体能取得超出市场的业绩。任何人或团体更不可能持续保持这种超出寻常的业绩。然而股神巴菲特，麦哲伦基金经理人彼得·林奇，价值投资之父格雷厄姆等投资大师以他们的骄人业绩证明了超出市场业绩是可能的，这对于有效市场理论无异于当头棒击。有效市场理论受到了重大挑战，大量实证研究表明股票市场并不像有效市场假说声称的那样总是能够形成均衡预期收益，实际上市场经常是无效的。

关于市场的无效，还有这样一则小故事：两位信奉有效市场理论的经济学教授在芝加哥大学散步，忽然看到前方有一张像是10美元的钞票，其中一位教授正打算去拾取，另一位拦住他说，“别费劲了，如果它真的是10美元，早就被人捡走了，怎么会还在那里呢？”就在他俩争论时，一位叫花子冲过来捡起钞票，跑到旁边的麦当劳买了一个大汉堡和一大杯可口可乐，边吃边看着两位还在争论的教授。

事实表明有效市场理论是存在很大的缺陷的，因为有几点原因：一是投资者不可能总是理智的。按照有效市场理论，投资者使用所有可得信息在市场上定出理智的价位。然而大量行为心理学的研究表明投资者并不拥有理智期望值。二是投资者对信息的分析不正确。他们总是在依赖捷径来决定股价，而不是依赖最基本的体现公司内在价值的方法。三是业绩衡量杠杆强调短期业绩，这使得从长远角度击败市场的可能性不复存在。

正是由于以上原因，巴菲特、费舍、林奇这些投资大师以自己多年的投资经验告诫我们，要走出有效市场理论的误区，正确认识市场的无效性，回归价值投资策略。只有这样，才能规避市场风险，长期持续战胜市场。

如何从通货膨胀中获利

多年以来，传统积累的经验告诉我们，我们拥有的资源和设备厂房等有形资产的企业对于抵抗通货膨胀来说是比较有优势的，但事实上却并非如此，拥有丰富资产的企业往往没有很高的报酬率，有时甚至低到，因通货膨胀引起的需要增加的额外的投资都不够，更不用说，把企业的继续成长和分配盈余分给股东或是其他并购新企业了。

但是，对于部分拥有无形资产多于有形资产的企业来说，通货膨胀一旦发生，便会积累出让人吃惊的财富。对于这类公司来说，商誉的获利能力大大地增加了，再动用盈余进行大举并购。对于通讯行业来看，这种现象是很明显的，因为这样的企业并不需要投入过多的有形资产，企业可以一直处于成长的状态，在通货膨胀来临的年代，商誉就像是天上掉下来大的礼物一样。

——巴菲特致股东函（1983）

巴菲特讲的这段话不仅是对“商誉”的辅助性的解读，同时也是巴菲特的企业帝国在它的这种思想下进行收购进来的，这也是他私房薪水的来源。

在1972年，巴菲特买下了一家平凡的糖果公司喜斯，当时该公司的仅依靠着800万美元的净资产就能每年获得200万美元的盈余。但是如果假设另外一家平凡的公司，同样每年能够赚得200万美元的利润的话，这就必须需要靠1 800万美元的净资产来创造出这个数字了。然而，对比这家公司的净资产报酬率却只有11%。

如果这样的公司要出售的话，最大的可能就是以价值1 800万美元的净资产的价值将该公司卖掉，但是巴菲特作出的决定确实去支付2 500万美元去买下具有同样获利能力的喜斯。他这样做的原因是什么呢？难道他不会亏损吗？

巴菲特是将通货膨胀的因素考虑进去了，设想一下，如果物价暴涨一倍的话，如果这两家企业都要在通货膨胀的情况下赚到400万美元的以维持原来的获利能力的话，这也许并不是困难的事，只要在维持现有销售数量的情况下，将价格提高一倍，只要在毛利率维持不变，那么获利能力自然会增加。所以大家现在应该知道了巴菲特为什么选择喜斯了吧。因为喜斯的净资产价值只有区区800万美元，所以只要再投入800万美元就可以应对通货膨胀了，而对于其他一般的企业而言需要的投入则可能必须投入超过两倍，也就是需要差不多1 800万美元的资金才可以达到。

投资者应该清晰的是，对于具有长期发展规律的商业企业来说，有形资产越清，无形资产越大的公司越是能够抗拒这种通货膨胀状况。大家都会对2007年的中国的大牛市有清晰的记忆，但是并不是所有人都知道，当时国内投资者热炒的那些资源型的钢铁、有色金属、煤炭等重资产行业，当全球不景气到来的时候，这些企业非但不抗跌反而远远跑输大盘，那时候真正具有商誉保护的公司其实并不是很多，所以很少有公司具有这种抗跌性，如果投资者能够找到这样的企业的话，那么就会利用通货膨胀获得赢利价值了。

历史数据并不能说明未来的市场发展

用你重要的东西去冒险赢得对你并不重要的东西，简直是不可理喻的，即使你的成功的概率达到100：1或是1 000：1.假如你给我一把抢，枪里面有1 000个甚至100万个位置，然后你告诉我里面只有一发子弹，如果你问我多少钱才可能让我拉动扳机？而事实上，我是根本不会去那么做的。你可以下堵住，就算我赢了，那些钱对于我来说也是没有任何意义的；如果我输了，那结果还是很显然的。对于这样的游戏我是没有一点兴趣的。

> 我不能理解的是，在这16个这么高智商的能人来玩这样一个游戏，这简直是不可理喻的一种行为。在某种程度上而言，他们的决定基本上都依靠于一些事情。他们都拥有着所罗门兄弟公司的强大背景，他们所说的一个六或七西格玛的事件来说，是很难给他们造成伤害的。这属于他们的失误，历史是不会告诉你将来某一个金融事件发生的概率的。
>
> ——巴菲特在佛罗里达大学商学院的演讲（1998）

在这个问题上，巴菲特的见解是，历史的统计规律对未来的预测是没有任何帮助的。有人迷信历史总是会重复的，其实历史不重复的时候是很多的，而且即使重复也不知道它是从什么时候开始的，频率是否频繁吗？所以问道于过去相当于问道于盲。

以中国的股市为例，我们可以根据历史的大盘走势情况继续分析出大盘未来几天的大概走势。

从K线图来看，2007年4月19号出现大阴线后，4月20号当天即收回了绝大多数跌幅，而且21号同样以跳高形式高举高打，收出中阳，最近三天的走势如出一辙！但有所不同的是，昨天的反弹力度相比2007年4月20日反弹较小。所以今天即使收出90点的大阳线依然没有创出新高。而且从股指和5日线的情况来看也有所差别。

上次2007年4月20号直接跳高5日线上强拉。而当天的收盘情况，股指虽然也站上了5日线，但并没有出现过度远离股指的情况！2007年4月24号出现十字星，25号回踩5日线后即开始再次上拉！根据这个规律我们可以得出结论，大盘短期再次创出新高以基本可以确定。但由于短期上冲过急，有回靠5日线和修复指标的要求！日线指标来看，MACD即将再次出现红柱。60分钟上，MACD也即将金叉，而KDJ已经在110+的位置。从这里来看短期也有休整的要求！根据这些分析因为大盘已经强势，操作上应该以各股为主配合大盘操作即可！

上面这个例子是最为简单的一个投资者进行分析的一个例子，这可能看起来是很严谨的，但是往往效果却并不总是令人满意，在通常情况下，巴菲特是反对这种预测的，他认为这是毫无意义的，而事实上，这么做的人大部分情况都在损失。

事实上来看，在金融市场上的“肥尾理论”是再明确不过的事，曾经认为概率笑道一亿年的年也不会发生一次的系统性国际金融崩溃在最近的30年内发生了两次，其中的一次就是俄罗斯政府破产，它直接会拉响了长期资本管理公司的末日丧钟；另外一次就是“次贷危机”。所以，这么看来投资者不能依靠历史数据而对股市的未来作出预测，这是极为不可靠的一种预测。

忠告 9

始终把握好投资的尺度

——安全第一，赚钱第二

巴菲特能从白手起家到家喻户晓的股神，自然是归功于他独到的投资理念和策略，他的“投资尺度”是不得不提的一大策略。巴菲特只对个股股指较低或被严重低估的股票感兴趣，这样才能保证机会比风险大。“安全边际”是巴菲特投资理念的精髓。

面对股市，不要想着一夜暴富

“成功的秘诀有三条：第一，尽量避免风险，保住本金；第二，尽量避免风险，保住本金；第三，坚决牢记第一、第二条。”三条秘诀，反复强调，就是一条：避免风险，保住本金。

——《巴菲特投资语录》

实际上，巴菲特这三条秘诀总结起来就是八个字：避免风险，保住本金。巴菲特的名言是他投资股市的经验总结。他从1956年到2004年的46年中，股市的年均收益率也只有26%。由此可见，他的巨额家产也不是一夜暴富得来的。

以中国股市来说，自从2006年股市一路高歌以来，大众亢奋和羊群效应越发明显。越来越多的人认为，股市成了一只“金饭碗”，只要投钱进去，“金饭碗”里就能源源不断地生钱出来。左邻右舍相继入市，农民丌始炒股，和尚开始操盘，即使平日最保守、最沉着的人也摇摇晃晃地入市了。有人卖房、有人贷款，有人辞职，证券营业部人满为患，系统不堪重负，上班族人心浮动……恐怕没有人不承认，现在的股市泡沫已经令人担忧。可既然大家都知股市泡沫重，为何还如此疯狂？显然，面对股市，我们已经不仅从投资越入了投机，而且从投机越入了赌博！

中国股市，从一定角度讲还是一个资金市，源源不断的资金进入，才是行情不断高涨的根本原因。

在股市的狂热下，炒股者多会觉得总有后来者，就像掉进传销网络的人，总认为还有大量的下线等着送钱进来。可历史早就证明，没有哪一波大牛市不是以套牢一大批投资者作为最后“祭品”的，这一点，炒股者也“理性”地清楚。前方是巨大的利益引诱，后面是怕成“祭品”的担忧，使贪婪与恐惧这两种人性弱点最充分地体现在了炒股者身上。

中国监证会于2007年5月11日发出通知，要求加强对投资者的教育，防范市场风险。并且特别要求、“告诫”那些抵押房产炒股、拿养老钱炒股的投资者，千万理解并始终牢记：切勿拿关系身家性命的生活必需和必备资金进行冒险投资。可谓良药苦口，正当其时。

对于投资者而言，“避免风险，保住本金”这八个字，说说容易，做起来却不容易。

股市有风险，似乎人人皆知，但是，当人们沉醉在大笔赚钱的喜悦之中时，头脑往往会发热，就很容易把“风险”两字丢到一边。世界上“没有只涨不跌的市场，也没有只赚不赔的投资产品”。在成熟度不高，监管不规范，信息不对称，经常暴涨暴跌的中国股票市场，不顾一切，盲目投资无疑是危险行为。可见幻想着成为一夜暴富需要承担多么大的风险。

遇风险不可测则速退不犹豫

为了满足保险客户的需求在1990年通用再保险设立衍生交易部门，但在2005年我们平仓的合约中有一个期限竟然是100年。难很难想象这样的一个合约能够满足的哪方面的需求，除非是可能只关心其补偿的一个交易商在他的交易登记簿中有一个长期合约需要对冲的需求。

设想一下，假如一个或者是更多家企业(麻烦总会迅速扩散)拥有数倍于我们的头寸，并且想要在一个混乱的市场中进行平仓，并且面临着巨大的广为人知的压力，情况会变成怎样?在这种情形下应该充分关注事前而不是事后。应该是在卡特里娜飓风来临之前，考虑且提高撤离新奥尔良的最佳时机。

当我们最终将通用再保险的证券交易部门关门大吉之后，对于它的离开我的感觉就像一首乡村歌曲中所写的那样："我的老婆与我最好的朋友跑了，我想念更多的是我的朋友而不是我的老婆。"

——巴菲特致股东函（2005）

上面这段话是巴菲特在2005年将通用再保险的平仓合约持有后的一段话，可以说巴菲特这项投资是很失败的，他的经验教训就是一旦该项投资遇到不可测的风险时，绝不要恋战。

2004年3月，美国国际集团承认公司对一些账目处理不当，伯克希尔·哈撒韦下属的通用再保险公司曾经与其合作过一笔“不符合规定”的再保险交易，这笔业务应该属于贷款而非保险交易。

通用再保险公司自从1998年被收购以后就一直风波不断，1998年与同属伯克希尔·哈撒韦的国家火险公司为FAI保险公司出售再保险产品，经商定后达成秘密协议：FAI公司在3年内不得寻求保险赔偿。这项规定在很大程度上弱化了该产品转移风险的功能，摇身一变成了短期贷款。FAI公司不久被澳大利亚第二大保险商HIH公司收购，因FAI公司的资产负债表被人为美化，HIH公司利润也随之虚增。澳大利亚监管部门调查后决定，自2004年10月开始禁止通用再保险公司的6位主管在澳大利亚从事保险业活动。澳大利亚监管部门还发现，违规操作的再保险产品来自于通用再保险公司位于爱尔兰首都都柏林的一个团队，而爱尔兰金融服务管理局也开始对通用再保险公司在爱尔兰的经营活动展开调查。

2004年3月，该公司公布的赢利报告显示去年净利润下降10%，由2003年的近82亿美元减至73亿美元。相比美国股市的总体表现，巴菲特在股市上的投资业绩最近几年出现了明显下滑。以标准普尔500指数为例，该指数成分股在2003年和2004年的平均账面净值增长率分别达到28.7%和10.9%，均超过了巴菲特的伯克希尔·哈撒韦公司。与股市投资不景气相对应的是，伯克希尔·哈撒韦公司的现金大量闲置，截至2003年12月，公司的现金存量由2003年的360亿美元升至430亿美元。2003年，伯克希尔决定让通用再保险退出酝酿巨大风险的衍生品业务，当时它有23218份未平仓合约。2005年初下降为2890份，2005年底平仓合约减至741份，此举在当年让伯克希尔付出了1.04亿美元的代价。

对于普通的投资者而言，也许在你的投资道路上总会遇到不可测的风险，在这种时候大多数投资者似乎都会抱着一丝希望，但是真是这种渺茫的希望让他们陷的更深，事实上，在这种时候正确的做法就是，无论暂时的斩仓痛苦有多大，坚决退出。如果巴菲特当时不退出，2008年的“次贷危机”爆发后，他也许就退不了了。

特别优先股保护

当维京亚特兰大航空公司的老板理查德·布兰森，被问到要怎么样才能变成一个百万富翁的时候，他的回答是：“其实也没有什么，你说先需要变成一个亿万富翁，然后再去购买一家航空公司就可以了。”

——巴菲特致股东函（1996）

在1989年的时候巴菲特决定以3.58亿美元的价格买了年利率为9.25%的特别股。在那时候，他非常喜欢美国航空的总裁埃德·科洛德尼，直到现在仍然没有改变。但是，现在，巴菲特觉得他对于美国航空业的分析研究实在是过于肤浅并且错误百出，他被过去该公司的历年来的获利能力所蒙骗，并且过于相信特别股提供给我们债券上的保护，以导致他们忽略了最为关键的一点，美国航空公司的营业收入受到了毫无节制的激烈价格战后大幅下降，同时该公司的成本结构却仍然停留在从前管制时代的高档价位上。

从巴菲特上面的这项投资中，能够看出巴特特在当初的投资时买的是“特别优先股”，那就意味着公司每年要付给伯克希尔9.25%的利息，加之还有一项“惩罚股息”的特别条款，这就意味着如果该公司要延迟支付股息的话，除了需要支付原有欠款外，同时还必须支付5%利率的利息。这就导致了在1994年和1995年伯克希尔都没有收到股息，所以以后，美国航空就不得不支付13.25%和14%的利息。在1996年下半年美国航空公司开始转亏为盈的时候，它们果真开始清偿合计4 790万美元的欠款。

特别优先股可以给投资者特别的保护，巴菲特在“次贷危机”中，仍然敢于买进通用电气和高盛的股票，这两支股票同样都是特别优先股，这类股票拥有股价上的安全边际，能够合理地利用自己的话语权去建立技术性的安全边际也是一项厉害的投资技术。

等待最佳投资机会

许多投资人的成绩不好，是因为他们像打棒球一样，常常在位置不好的时候挥棒。

——巴菲特

巴菲特说，在他的投资生涯中，曾经至少三次的经验，看到市场有太多的资金流窜，想要用这一大笔资金从事合理的活动似乎是不可能的事情。然而，四年过后，却看到“我一生中最好的投资机会”。其中一次是发生在1969年，也就是巴菲特结束他首次的投资合伙事业的时候，这个过程值得巴菲特迷们好好去研究，因为对很多中国的巴菲特迷来说，如何挖到第一桶金很重要，目前巴菲特管理几百亿美元的经验，对想获得第一桶金的投资人来说，并没有太大的意义。然后在1998年，当长期资本管理公司这家避险基金公司出现问题的时候，投资界突然出现了“绝佳的投资机会”。

托伊·科布曾说过：“威廉姆斯等球时间比别人都多，是因为他要等待一个完美的击球机会。这个近乎苛刻的原则可以解释，为什么威廉姆斯取得了在过去70年里无人能取得的佳绩。”巴菲特对威廉姆斯敬佩有加，在好几次场合，他与伯克希尔的股民分享威廉姆斯的近乎苛刻的原则。在《击球的科学》(The Science of Hitting)一书中威廉姆斯解释了他的击球技巧。他将棒球场的击球区划分成77块小格子，每块格子只有棒球那么大。巴菲特说：“现在，当球落在‘最佳’方格里时，挥棒击球，威廉姆斯知道，这将使他出击最好的成绩；当球落在‘最差’方格里时，即击球区的外部低位角落时，挥棒击球只能使他击出较差的成绩。”

威廉姆斯的打击策略如运用到投资上显然极为恰当。巴菲特认为，投资就像面对一系列棒球击球那样，想要有较好的成绩，就必须等待投资标的的最佳机会的到来。许多投资人的成绩不好，是因为常常在球位不好的时候挥棒击球。也许投资人并非不能认清一个好球（一家好公司），可事实上就是忍不住乱挥棒才是造成成绩差的主要原因。

那么，我们怎样才能克服这种毛病呢？巴菲特建议投资人要想象自己握着一张只能使用20格的“终身投资决策卡”，规定你的一生只能做20次投资抉择，每次挥棒后此卡就被剪掉一格，剩下的投资机会也就越来越少，如此，你才可能慎选每一次的投资机会和投资时机。对又低，又偏外角的球尽量不要挥棒，威廉姆斯就是宁愿冒着被三振出局的风险去等待最佳打点时机的到来。投资者是否能从威廉姆斯的等待最佳打点时机中获得启迪呢？巴菲特说："与威廉姆斯不同，我们不会因放弃落在击球区以外的三个坏球而被淘汰出局。"

投资者在投资的过程中，即使有什么可靠的消息或者可以投机的机会，我们也可能没有集中所有资金去冒险的动力，既然没有去赌博或者去冒险的想法，那还是耐心等待，等待真正机会的到来。所以，投资者必须等待绝佳的投资机会的出现，而且要有耐心。就像1998年出现的中国房地产投资机会一样，抓住这样的机会，才是真正的投资。投资是"马拉松竞赛"而非"百米冲刺"，比的是耐力而不是爆发力。对于短期无法预测，长期具有高报酬率之投资，最安全的投资策略是：先投资，等待机会再投资。投资人应记住的是，在下降通道中参与投资，风险无形中放大了好多倍，成功率大大降低，所以，请耐心等待重大投资机会的到来！

规避损失的力量源泉

原则一：不要损失资金。

原则二：不要忘记原则一。

——《巴菲特投资语录》

曾经巴菲特把取得成功的实质总结为上面最为简单的两项原

则。事实上，在实际的投资中，投资者的资金发生损失有三个原因，其一，你置身于极大的损失的可能性之中。其二，你选择的投资方式不能随通货膨胀和利息率的变动而变动。其三，持有股票的时间不够长，从而不能发现它的内在价值。

其实，有很多的方法可以使投资者避免阶段性的损失，但是巴菲特最为常用的一种方法就是把资产都投资于债券，并且持有它们，直到机会成熟的时候在抛出。举个例子来看，有3只有价证券A、B、C，在30年中，它们的平均收益率都是10%。但是B在第10年，第20年和第30年的收益为0%。然而，C债券在第10年、第20年和第30年的损益率为10%。在这种情况下，在30年后，投资在股票A上就能获得17.449万美元的回报，而投资在B上能够获得13.11万美元的回报。因为其中有3年的收益率是在平均回报率之下。实际上，B债券本身并没有产生资金的损失，但由于有三年的普通年份的影响，使得B将远远落后于A。从一个长期的投资过程来看，B债券的回报并没有那么的糟糕，这是因为投资者每年都在设法规避损失。

为了避免发生损失的概率增大，你必须做到尽最大的可能犯少的错误。在你的投资生涯里犯的错误越少，那么就意味着你的长期回报也就会越多。我们都知道增加额外几个百分点年度收入的好处。每年增加额外的两个百分点，最终就能积累成一笔很大的财富。如果现在的市场年回报率超过了预先假定的11%的年回报率两个百分点，那么这两个百分点就会变成千万美元的额外利润。如果你损失了资金，即便是一年，那也会在很大程度上损害到你所拥有证券的最终价值。你所耗费的珍贵资源一定已经被其他资源所替代。这也就是说，你浪费宝贵的时间去尽力弥补产生了损失的基础，但与此同时，损失还会对一些其他因素产生的积极影响起到削弱的作用。

巴菲特神奇的“15%法则”

> 我们还面临另一项挑战：在有限的世界里，任何高成长的事物终将自我毁灭，若是成长的基础相对较小，则这项定律偶尔会被暂时打破，但是当基础膨胀到一定程度时，好戏就会结束，高成长终有一天会被自己所束缚。
>
> ——巴菲特致股东函（1989）

上面这段话表示了巴菲特在有限世界里的理性，他是不会相信无限增长的。自从20世纪70年代就开始写“致股东函”，每隔两三年他都会非常诚恳的表示动辄20%～30%的增长都是不可能长期持续的。巴菲特在购买一家公司的股票之前，他要确保这只股票在长期内至少获得15%的年复合收益率。为了确定一只股票能否给他带来15%的年复合收益率，巴菲特尽可能地来估计这只股票在10年后将在何种价位交易，并且在测算公司的赢利增长率和平均市盈率的基础上，与目前的现价进行比较。如果将来的价格加上可预期的红利，不能实现15%的年复合收益率，巴菲特就倾向于放弃它。

例如：在2000年4月，你能够以每股89美元的价格购买可口可乐的股票，并假设你的投资在长期内能够获得不低于15%的年复合收益率。那么，当10年之后，可口可乐的股票大致可以卖到每股337美元的价格，才能使你达到预期目标。关键是假如你决定以每股89美元的价格购买，那么你就要确定可口可乐的股票能否给你带来15%的年复合收益率。这需要你衡量四个指标。其一，可口可乐的现行每股收益水平；其二，可口可乐的利润增长率；其三，可口可乐股票交易的平均市盈率；其四，公司的红利分派率；只要你掌握了这些数据，你就可以计算出这家公司的股票的潜在收益率。

仍然以可口可乐为例，可口可乐股票的成交价为89美元，连续12个月的每股收益为1.30美元，分析师们预期收益水平将会有一个14.5%的年增长率，如果再假定一个40%的红利分派率。如果可口可乐能够实现预期的收益增长，到2009年每股收益将为5.03美元。如果用可口可乐的平均市盈率22乘以5.03美元就能够得到一个可能的股票价格，即每股110.77美元，加上预期11.80美元的红利，最后你就可以获得122.57美元的总收益。数据具有很强大的可信度，10年后可口可乐股票，必须达到每股337美元（不包括红利）才能够产生一个15%的年复合收益率。然而数据显示，那时可口可乐的价位每股110.77美元，再加上11.8美元的预期红利，总收益为每股122.57美元，这就意味着将会有3.3%的年复合收益率。如果要达到15%的年复合收益率，可口可乐目前的价格只能达到每股30.30美元，而不是1998年中期的89美元。所以巴菲特不肯把赌注下在可口可乐股票上，即使在1999年和2000年早期可口可乐股票一直在下跌。

毫无疑问，如果投资者以正确的价格来购买正确的股票，获得15%的年复合收益率是可能的。相反，如果你购买了业绩很好的股票却获得较差的收益率也是很可能的，因为你选择了错误的价格。大多数投资者没有意识到价格和收益是相关联的：价格越高，潜在的收益率就越低，反之亦然。

随市场环境的变化而变化

> 如果任何一个人准备去做任何一件愚蠢的事的时候，市场在那里只是作为一个参考值而存在着，当我们投资于股票的时候，我们也是投资在商业。
>
> ——《选择成长股》

巴菲特无论是偶然还是经过深思熟虑都应该被看做是历史上最机敏的市场调节者之一。他所拥有的能感觉到市场存在很大的危险的能力，或者是当别人认为是危险时他却看到了投资机会。

任何时期的任何行情，最大的投资机遇和最大的投资风险一定是来自于价值标准的变化！同样的青菜，在春夏秋冬有不同价格，因为它在不同时期所体现的价值不一样，人们衡量它的价值标准也不一样，价格自然会不同。更主要的是，青菜的价值与肉食的价值是不一样的，因此，其所对应的市场价格也是截然不同的。

这样的例子同样也发生和反映在股市中。例如，同样的汽车股，在2004年行业最景气时，人们给予它的估值标准可以达到25倍左右的市盈率，而在2005年行业景气度回落的时候，人们给予它的市盈率估值标准一下子降到了10倍左右。到目前为止，也只在15倍左右。这样的例子也曾同样发生在钢铁股和石化股里。

为什么说价值标准变化给行情带来的投资机会和风险是最大的

呢？很明显，同样的股票在业绩没变化的情形下，市盈率标准从25倍降低到10倍，意味着这只股票的价格要跌去60%；反之，如果某一类股票的估值标准从10倍市盈率提升到20倍市盈率，则意味着这只股票的上涨空间将达到100%。

股票G天威，该股有超过60%的主营收入是来自于电站设备，因此，从2003年到2005年上半年的两年半时间内，人们以比较合理的电站设备类估值标准，给予它20倍左右的市盈率定位；但从2005年下半年起，该公司介入了太阳能产业，按照国际市场的估值标准，人们对它的估值标准从20倍市盈率迅速提升到了45～60倍，从而打开了该股超过300%的上涨空间。人们的价值标准会随时间的推移以及社会发展的变化而变化，所以，每当行情新主流热点形成的时候，一定是这个主流热点所对应的行业或公司内部发生了变化，更重要的是，人们对它的认识和评判标准发生了变化！

同时，随着社会经济的不断发展、体制改革的逐渐深入以及对外开放的日益扩大，我国股票市场所面临的客观环境也出现了一些变化，主要表现在以下几个方面：

1.股份全流通，股票市场的本色得以恢复

2005年5月份开始启动的股权分置改革，让占总股份2/3以上的非流通股逐渐实现自由流通，证券市场的基本功能有了能够发挥的基础和条件。股份全流通在相当程度上把控股股东、上市公司管理层和广大中小股东的利益紧密结合在一起，使控股股东和上市公司管理层不再漠视公司股票的市场表现。股份全流通使我国证券市场恢复了本色，成为真正意义上的证券市场，今后彻底走向市场化和国际化完全可以预期。

2.整体上市已成趋势，国家战略资产越来越多地转入可流通状态

股改以后，股票市场出现了一股整体上市的风潮。从国家、企业和投资者三个角度看，这种风潮都具积极意义。整体上市的一个必然的结果是，越来越多的国家战略资产将从原来的高度控制状态逐步变成可市场化流通状态。这种状态一方面可以使国家战略资产通过市场化的方式进行价值重估，另一方面又意味着其控制权将具有很大的流动性和不确定性。对于国有资产管理者来说，这是一个全新的课题。

3.国际资本进出我国的规模日益扩大，社会经济影响不断增强

伴随对外开放的不断深入，国际资本进出我国的规模日益扩大，目前已成为一支不可忽视的力量。“蒙牛”的迅猛崛起和“乐百氏”的彻底陨落背后，都可以看到国际资本的强大身影。这一正一反两方面的事例提醒我们：对于国际资本，我们在表示热烈欢迎的同时，还应该保持应有的谨慎。至于那些缺乏约束、流动性极强且来去诡秘的国际游资，我们除了保持谨慎外，还需要给予高度的警惕。

4.虚拟经济对实体经济的反作用力越来越强

我国股票市场总市值与GDP的比例随着市场规模的不断扩大和股价指数的快速上升而明显提高：2005年上半年，该比例还不到18%，而现在已经接近90%了。股改前由于2/3以上的股份不能流通，所以股票总市值存在很大程度上的失真，而股改以后，非流通股逐渐转为可流通，总市值也就变得真实可靠起来。以证券市场为核心的虚拟经济，一方面反映并最终决定于实体经济，另一方面又可以对实体经济存在一定程度上的影响和反作用力。这种影响和反作用力随着我国证券市场总市值以及其与GDP比例的不断增长而日

益增强。

面对新的环境，使得股票机会与风险的标准也产生了变化，作为投资者，我们只有及时适应这个变化，才能有效识别机会与风险。

可以冒险但是也要有赢的把握

有时我们同样也不能为我们的资金找到最理想的去处——即为找到经营良好、价码合理的企业，这时我们会选择将资金投入到一些期间较短但品质还不错的投资品种上，虽然我们也很清楚这样的做法可能无法像我们买进好公司那样稳健地获利，甚至在少数情况下会出现赔钱的可能，不过从总体情况来说，我们相信这些投资品种的赚钱的概率还是远高于赔钱的概率的，只是最大的问题是它的获利能够在什么时候出现。

当然，在这种情况下，不留有现金而是去投资零息债券也是存在风险的，这种基于总体经济分析的前提下的投资绝对不敢保证百分之百能够成功，不过查理和我也绝不会轻易放弃这样的投资机会，而是会绝对会运用我们最佳的判断能力，大家可不是请我们来闲着没事干，当我们认为我们有赢的把握时，我们就会毫不犹豫地去做一些有别于惯常投资的行为。

——巴菲特致股东函（1997）

从上面这段话是否你也能够看出，巴菲特也并非总是能够找到令自己极为满意的投资机会的，这也是普通投资者会遇到的难题，但是比闲置资金更好的选择就是选择一些胜算颇大的投资品种，也许它确实存在一些风险，但毕竟在这种情况下，损失是小概率事件。

比如，在1997年巴菲特就不同于往常地参与了三起非针对企业股权的投资。第一个是1 400万桶的原油期货合约，这是他在1994～1995年间所建立4 570万桶原油的剩余仓位，当初他之所以会建立这些部位，主要出于当时的石油期货价位有些被低估的考虑下做出的决定。

第二个是白银，在1997年他一次性买进总共1.112亿盎司的白银。假如按照当时的市价计算，总共贡献1997年9 740万美元的税前利益，因为之前巴菲特都在对贵金属的基本面进行追踪，只之前没有买进动作。直到最近这几年，银条的存货突然大幅下滑，然而对于一般人较为关注的通货膨胀预期则不在巴菲特计算价值的范围之内。

最后一项投资是美国的零息债券，他用46亿美元的账面价值摊销长期的美国零息债券，这些债券不支付利息，而是以折价发行的方式回馈给债券持有人，也因此这类债券的价格会因市场利率变动而大幅波动。如果利率下跌，投资人就可能因此大赚一笔，由于1997年的利润出现了大幅度的下滑，所以只是在1997年，伯克希尔未实现的利益就已经高达5.98亿美元。

股市中有一句话说得很好，就是收益总是伴随着风险。有时候投资者对投资的品种是有十足的信心和把握的，但是大多数情况下是不确定的，但是如果因为损失的可能的存在就不进行投资的话，恐怕你也会错失很多获利机会的。所以对于投资者来说，适当的冒险也是投资所必需的，但前提是你得计算好自己的获胜概率。

独立承担风险最牢靠

当保险业者在衡量自身再保险的安排是否健全时，他们必须谨慎小心地对整个连环所有参与者的抗压性进行试探，并深切地思考万一一件大灾难在非常困难的经济状况下发生时该如何自处。毕竟只有在退潮时，你才能够发现到底是谁在裸泳。在伯克希尔我们将自留所有的风险，独立承担绝不依赖他人，不论世上发生什么问题，我们的支票保证永远都能够兑现。

——巴菲特致股东函（2001）

上面是巴菲特对自己的投资者的承诺，从巴菲特的这种管理理念下，又有那个投资者不愿意买入这样的企业的股票呢？巴菲特赞同对于每个投资者而言，每个都在经营者自己的财产，在对待自己的理财过程中，也要学会自担风险，要在保证自己的风险承担范围内，进行投资。这才是安全的做法。

以一个简单的例子来说，自从“9·11”事件发生之后，通用再保险就变得异常忙碌起来，它承接了全部自留在公司账上的保单，这主要包括：南美洲炼油厂损失超过10亿美元以上的5.78亿美元意外险，数家国际航空公司10亿美元恐怖分子攻击事件不得撤销第三责任险，北海原油平台5亿英镑恐怖分子攻击及恶意破坏的产物意外险以及超过6亿英镑以上业者自留或再保险损失，芝加哥西尔斯大楼恐怖分子攻击事件超过5亿美元以上的损失等。然而，作为预防措施，通用再保险也不再接下位于同一个大都会的办公及住宅大楼大量的意外险。通用再保险的问题并没有成为伯克希尔的大危机，根本原因就是伯克希尔一直在账面上保持着大量现金，所以只是损失了一点钱却没有伤筋动骨。如果依赖负债或担保等方式经营，伯克希尔这次则很可能就全军覆没了。

投资者建立家庭财务模型时亦要参考巴菲特的上述做法，投资股票的钱一定要是“闲钱”，不等着用，不要考虑让别人为你的风险埋单，那会是一个很危险的做法，更不用说借债投资甚至是短贷长投的做法了。

后记：要善于向最好的投资者学习

巴菲特的成功，很大程度上取决于他不断学习、善于学习的进取态度。巴菲特一生最推崇的老师有三位：父亲霍华德·巴菲特、格雷厄姆、费雪。他说，如果没有这几位前辈的影响和开导，自己就不会有今天的成功。

父亲霍华德·巴菲特是巴菲特的启蒙老师，他从父亲那里学到了投资股票的基础知识，从而确定了自己的兴趣和人生目标；格雷厄姆是一位美国东海岸学者，哥伦比亚大学商学院的教授，巴菲特正是师从于他，完成了经济学研究生课程的学习，打下了坚实的理论基础；费雪是一位出色的投资撰稿人，其提出的一种高风险的质化投资策略对巴菲特的影响巨大。

巴菲特受惠于格雷厄姆和费雪这两位投资大师，认为两位老师的投资策略虽然不尽相同，但殊途同归，目的是一样的。而且两人在投资界的影响力可谓并驾齐驱。巴菲特不仅潜心于研究格雷厄姆、费雪等大师的投资策略，而且还阅读了大量的书刊，内容涉及较广。难能可贵的是，他善于把别人的经验、理论加以翻新，注入自己的想法，并且在实践中形成了自己独特而完整的投资理论体系。

巴菲特把格雷厄姆和费雪两位恩师看做是自己的“精神父亲”，并用爱戴和感激的口吻说：“我自己有85%像格雷厄姆，有15%像费雪。”

巴菲特确实是一个博采众长的人，他从不放过任何一个学习机会。

巴菲特相信，他之所以有可能成功，是因为他从别人那里学到了非常多的东西——通过向格雷厄姆学习，阅读费雪的著作，以及和查理·芒格一起工作。这三个人思想的综合被许多人认为是最优秀的金融思想。“我不认为我有什么新颖的想法，”巴菲特曾经说，“当然，我阅读格雷厄姆的著作，我也读过费雪的著作。所以，我自己在阅读中也有很多想法，你可以从别人那里学到很多东西。事实上，如果你基本上都是从别人那里学东西，那么你就不必有太多自己的想法。你只需要运用自己了解得最好的就行了。”

学习是一个过程。巴菲特和查理·芒格从前人那里学到了很多知识，并把这些知识融入自己的理解中，现在还宽容地把这些提供给别人——那些头脑清醒、精力旺盛、思想开放，愿意完成自己的工作，并尽可能地学习的人。

投资是一门学问，一个人要想在投资市场上有所成就，就必须不断学习。学习别人的经验，学习新的理论，学习自己不懂的地方。只有这样，才会更好地避开股市的陷阱，降低投资的风险。许多人在抱怨自己不能成功时，总喜欢以“我太年轻”为借口，事实上，年轻正是你追求成功的绝佳条件。因为年轻，你有旺盛的精力，对成功充满激情，更有创造的欲望；因为年轻，你可以有时间去努力学习。你的干劲、你的勤奋，都可以成为别人赏识你的因素，就像格雷厄姆对巴菲特的栽培那样。

股票市场其实是人生修炼场，它永远给你希望，永远给你纠错的机会，投资市场实际上是在投资自己，大师的成功投资事实上是人性的成功，他们的经验表明良好的思考习惯和投资信念是成功的保证和基石。如果你无心修炼或无法修炼到位，那只有远离市场，否则就会不断地损失金钱。

成功的投资者总是用80%的时间学习研究，用20%的时间实际操作，而失败的投资者则是用80%的时间盲目操作，用20%的时间后悔。

有些投资者总是在投资出现失误，资金大幅缩水，心情备受煎熬之时，才急忙学习各种解套技巧，费尽心机地想着如何保本解套。可是，股市中最好的解套策略也比不上事先学习避免套牢的策略；还有的投资者止损时成千上万的资金可以挥刀斩去，平时买证券书籍时却吝啬区区数十元钱；更有些投资者从未认真系统地学习过投资技巧，也没有经过任何模拟训练，甚至连最起码的证券基础知识都不明白，就贸然进入股市，参与投资。等待这些投资者的必然结果将是投资资金的迅速贬值。所以，投资者必须明白学习的重要性，树立正确的学习观念，坚持不懈地学习理论知识，才能在风云变幻的证券市场中立足。

附录一：巴菲特生平大事年表

沃伦·巴菲特（WarrenBuffet，1930年8月30日——），富有传奇色彩的投资奇才，著名的美国企业家及慈善家。

1930年8月30日，沃伦·巴菲特出生于美国内布拉斯加州的奥马哈市，沃伦·巴菲特从小就极具投资意识，他钟情于股票和数字的程度远远超过了家族中的任何人。他满肚子都是挣钱的道儿，五岁时就在家中摆地摊兜售口香糖。稍大后他带领小伙伴到球场捡用过的高尔夫球，然后转手倒卖，生意颇为红火。上中学时，除利用课余时间做报童外，他还与伙伴合伙将弹子球游戏机出租给理发店老板，赚取外快。

1941年，刚刚跨入11周岁，他便跃身股海，购买了平生第一张股票。

1947年，沃伦·巴菲特进入宾夕法尼亚大学攻读财务和商业管理。但他觉得教授们的空头理论不过瘾，两年后转学到尼布拉斯加大学林肯分校，一年内获得了经济学士学位。

1950年巴菲特申请哈佛大学被拒之门外，考入哥伦比亚大学商学院，拜师于著名投资学理论学家本杰明·格雷厄姆。在格雷厄姆门下，巴菲特如鱼得水。格雷厄姆反对投机，主张通过分析企业的赢利情况、资产情况及未来前景等因素来评价股票。他传授给巴菲特丰富的知识和诀窍。

1951年，21周岁的巴菲特获得了哥伦比亚大学经济硕士学位。学成毕业的时候，他获得最高A+。

1952年，巴菲特和苏珊·汤普森结婚，他们双方的父母是多年的老朋友。在西北大学读书时，苏珊和巴菲特的妹妹罗伯塔是住同一间宿舍的舍友，当巴菲特顺路拜访她并向她求婚时，苏珊离开了就读的大学和他结了婚。巴菲特夫人是在离巴菲特目前的家只有一个半街区的地方长大的。

1957年，巴菲特掌管的资金达到30万美元，年末则升至50万美元。

1962年，巴菲特合伙人公司的资本达到了720万美元，其中有100万是属于巴菲特个人的。当时他将几个合伙人企业合并成一个“巴菲特合伙人有限公司”，最小投资额扩大到10万美元。情况有点像现在中国的私募基金或私人投资公司。

1964年，巴菲特的个人财富达到400万美元，而此时他掌管的资金已高达2 200万美元。

1956年，巴菲特创建了伯克希尔·哈撒韦公司。

1966年春，美国股市牛气冲天，但巴菲特却坐立不安，尽管他的股票都在飞涨，但却发现很难再找到符合他的标准的廉价股票了。虽然股市上风行的投资给投机家带来了横财，但巴菲特却不为所动，因为他认为股票的价格应建立在企业业绩成长而不是投机的基础之上。

1967年10月，巴菲特掌管的资金达到6 500万美元。

1968年，巴菲特公司的股票取得了它历史上最好的成绩：增长了46%，而道·琼斯指数才增长了9%。巴菲特掌管的资金上升至1.04亿美元，其中属于巴菲特的有2 500万美元。

1968年5月，当股市一路凯歌的时候，巴菲特却通知合伙人，他要隐退了。随后，他逐渐清算了巴菲特合伙人公司的几乎所有的股票。

1969年6月，股市直下，渐渐演变成了股灾，到1970年5月，每种股票都要比上年初下降50%，甚至更多。

1970年~1974年间，美国股市就像个泄了气的皮球，没有一丝生气，持续的通货膨胀和低增长使美国经济进入了“滞涨”时期。然而，一度失落的巴菲特却暗自欣喜异常，因为他看到了财源即将滚滚而来——他发现了太多的便宜股票。

1972年，巴菲特又盯上了报刊业，因为他发现拥有一家名牌报刊，就好似拥有一座收费桥梁，任何过客都必须留下买路钱。1973年开始，他偷偷地在股市上蚕食《波士顿环球》和《华盛顿邮报》，他的介入使《华盛顿邮报》利润大增，每年平均增长35%。10年之后，巴菲特投入的1 000万美元升值为两个亿。

1980年，他用1.2亿美元、以每股10.96美元的单价，买进可口可乐7%的股份。到1985年，可口可乐改变了经营策略，开始抽回资金，投入饮料生产。其股票单价已涨至51.5美元，翻了5倍。至于赚了多少，其数目可以让全世界的投资家咋舌。

1992年中巴菲特以74美元每股购入435万股美国高技术国防工业公司——通用动力公司的股票，到年底股价上升到113元。巴菲特在半年前拥有的32 200万美元的股票已价值49 100万美元了。

1994年底，已发展成拥有230亿美元的伯克希尔·哈撒韦公司，已变成巴菲特的庞大的投资金融集团。从1965~1998年，巴菲特的股票平均每年增值20.2%，高出道·琼斯指数10.1个百分点。如果谁在1965年投资巴菲特的公司10 000美元的话，到1998年，他就可得到433万美元的回报，也就是说，谁若在33年前选择了巴菲特，谁就坐上了发财的火箭。

2000年3月11日，巴菲特在伯克希尔公司的网站上公开了今年的年度信件——一封沉重的信。数字显示，巴菲特任主席的投资基金集团伯克希尔公司，去年纯收益下降了45%，从28.3亿美元下降到15.57亿美元。伯克希尔公司的A股价格去年下跌20%，是90年代的唯一一次下跌；同时伯克希尔的账面利润只增长0.5%，远远低于同期标准普尔21%的增长，是1980年以来的首次落后。

2004年8月26日，巴菲特（WarrenBuffet）的夫人苏姗在与他一起看望朋友时，突然中风去世，享年72岁。

2007年3月1日晚间，伯克希尔·哈撒韦公司公布了其2006财政年度的业绩，数据显示，得益于飓风“爽约”，公司主营的保险业务获利颇丰，公司去年利润增长了29.2%，盈利达110.2亿美元（高于2005年同期的85.3亿美元）；每股盈利7 144美元（2005年为5 338美元）。

2010年，巴菲特在致伯克希尔·哈撒韦公司股东公布，2009年，伯克希尔·哈撒韦的净值增长了218亿美元，从而使A股和B股的账面价值每股均上涨19.8%。在过去45年间，公司账面价值从19美元升至84,487美元，每年的复合增长率达20.3%。

2016年4季度，伯克希尔·哈撒伟公司将其所持苹果公司股票增加近三倍，从3季度末的1 520万股增至5 740万股，价值约66.4亿美元，并大幅增持了美国四家大型航空公司的股票，但大幅减持了零售巨头沃尔玛的股票。总体而言，截至4季度末，伯克希尔的股票持仓总额达到1479.9亿美元，较三季度末增加15%。

2017年北京时间2月25日晚，巴菲特发表一年一度的致股东信，公布2016年伯克希尔·哈撒韦公司净值大增275亿美元，公司A级和B级股票每股账面价值的涨幅都达到了10.7%。在过去的52年时间里，公司每股账面价值已经从19美元涨至172 108美元，综合年增幅达到19%。

2017年3月20日，《福布斯》公布年度全球富豪榜，巴菲特位居第二。他曾说，去世后10年内，自己99%的财产将用于慈善。

附录二：巴菲特经典投资语录

巴菲特从零开始，仅仅依靠从事股票和企业投资，积聚起巨额财富，成为20世纪世界超级富豪。无论股市行情牛气冲天抑或瘫软低迷，无论经济繁荣与否，巴菲特市场上的表现总是可圈可点，而巴菲特能够取得如此骄人业绩的秘密就在于其独特而有效的投资理念。巴菲特的投资理念已被国际证券投资界认同，相信对我国的证券投资者也具有极大的启发意义。

价值投资理念

● 只要你的数据和推理是对的，那么你就是正确的。在证券中，除了丰富的知识和可靠的判断之外，勇气是你所拥有的最宝贵的财富。

● 仅仅是因为股价上涨而去购买股票（股价下跌而去卖出股票）是世界上最为愚蠢的事情。

● 避免依赖预测度日，因为大多数预测是空穴来风，按自己的方式交易永远是正确的。

● 如果有人用失业或利率对我们所关注的问题作出某种完美预

测，我们将视而不见。我们只关注我们真正了解的业务并且能够接受它们的价格和管理方式。

- 我们所要做的是确定交易价格，而不是制定交易的时间表。
- 想要在股市从事波段操作的是神做的事，不是人做的事。
- 如果你不能控制住你自己，你迟早会大祸临头。
- 抓住投资的良机等于成功了一半：大市低迷的时候往往能找到较便宜的股票，市场热烈的时候很难买到合适的股票。没有耐心去等待绝佳的投资机会而轻率的作出投资的决定，造成了股市上赔钱的人多而赚钱的人少。
- 关于投资回报的四条原则：

a.重视股东权益回报率：长期20%以上很不错，最理想的企业能以这样的增值速度，长期把所有盈余都再投资，使我们原本的投资以20%的复利增值。（就像伯克希尔哈撒韦公司）

b.股东盈余：净所得加上折旧等费用减去资本支出等营运资本，剩下来的完全可以分派给股东，而不影响公司的发展。

c.不会无端增加营运资本，为股东省钱，巴菲特的公司一年营运资本350万美元。

d.保留盈余转化率：保留的盈余投入进去能产生高于平均回报率的报酬。

- 把自己当作企业分析家，买一只股票，必须像买下整个企业一样。如果你不愿意持有一只股票长达10年，那也不要考虑持有它10分钟。
- 放弃用股票价格来衡量业绩的习惯，长期来看企业的收益和股票的价格有很大的相关性，时间越长，股票价格越能体现其价值。

● 对风险的认识：有足够的确定性，风险对你就没什么意义，风险来自你不知道自己在做什么，风险是受到损害或伤害的可能性，是企业内在价值风险的一项要素，而不是股票的价格行为。股价下跌实际上是降低了购买股票的风险。

● 不断地学习，学习新的理论、学习不懂的地方，才能更好地避开股市的陷阱，降低投资风险。

● 我希望持有一只股票的期限是永远。长期投资可以减少各种费用。

● 作为投资者研究的是资产（业务）将怎样运作。是对股价走势的判断。投机者主要研究的是独立于商业之外的价格会怎样运行，是对股价波动进行预测从中渔利。

● 那些聪明勤奋的人无法克服过于自信所带来的职业性灾难，相信自己具备超常的天分并身怀绝技，他们往往会在他们所选择的更为困难的航程中搁浅。

● 如果不犯错误，杰出的投资者的动机、策略和结果回顾起来就像水晶一样清晰。

● 如果是股市下跌而整个经济处于高涨期，一个过低估计股票真实价值的情况就会产生。

● 当债券的收益逐步上升，甚至有超过股票收益的趋势时，一般讲市场价值是被高估了。

● 可口可乐在1890年时整个公司大约值2 000美元今天它的市值为500亿美元。如某个人在1890年买入该公司股票时，有人可能会对他说：“我们将会有两次世界大战，会有1907年的大崩盘。是不是最好等一等？”我们不能犯这个错误。

● 你要做的事情是按低于企业内在价值的价格购买一家企业的股票，如该企业管理层诚实可靠、有能力，那么你就永远持有这些股票。

心态决定投资

● 投资人必须谨记，你的投资成绩并非像奥运跳水比赛的方式评分，难度高低并不重要，你正确地投资一家简单易懂而竞争力持续的公司所得到的回报，与你辛苦地分析一家变量不断、复杂难懂的公司可以说是不相上下。

● 我和查理还没学会如何解决公司的难题，但是我们学会了如何避开难题，我们的成功在于我们集中力量于我们能跨越的一尺栅栏上，而不是发现了跨越七尺栅栏的方法。

● 近年来，我的投资重点已经转移。我们不想以最便宜的价格买最糟糕的家具，我们要的是按合理的价格买最好的家具。

● 几乎在任何领域，专业人员取得的成就明显地高于门外汉。但在金钱的管理上往往并非如此。

● 不能承受股价下跌50%的人就不应该炒股。

● 投资并非一个智商为160的人就一定能击败智商为130的人的游戏。

● 从不购买价格并不明显低于公司价值的股票。

● 1986年我的最大的成就就是没有做任何蠢事。诀窍是当没有合适的事情可做时，就什么也不做。

● 我宁要模糊的正确，也不要精确的错误。

● 价格是你所付出的，价值是你所得到的。

● 于每一笔投资，你都应当有勇气和信心将你净资产的10%以上投入。

● 在错误的道路上，奔跑也没有用。

● 控制风险的最好办法是深入思考，而不是投资组合。

● 我们只是对于估计一小部分股票的内在价值还有点自信，但也只限于一个价值区间，而绝非那些貌似精确实为谬误的数字。价值评估既是艺术，又是科学。

● 对大多数投资者来说，重要的不是他们知道多少，而是他们能在多大程度上认识到自己不懂什么。

● 一个公开的民意测验无法代替思考。

● 你必须独立思考。我常常惊讶于：一些智商极高的人在市场上无意识的跟随大众，和这些人聊天对于我毫无益处。

● 我对总体经济一窍不通，汇率与利率根本无法预测，好在我在作分析与选择投资标的时根本不去理会它。

● 利率就像是投资上的地心引力一样。

● 若有人跟你谈诸如Beta等市场效率理论的东西时，赶快闪人。

● 投资的秘诀在于，看到别人贪心时要感到害怕，看到别人害怕时要变得贪心。

● 垃圾债券总有一天会变成名副其实的垃圾。

● 在投资时，我们把自己看成是企业分析师——而不是市场分析师，也不是宏观经济分析师，甚至不是证券分析师。

● 多样化是无知的保护伞。

● 恐惧和贪婪这两种传染性极强的灾难的偶然爆发会永远在投资界出现。这些流行病的发作时间难以预料，由它们引起的市场精神错乱无论是持续时间还是传染程度同样难以预料。因此我们永远无法预测任何一种灾难的降临或离开，我们的目标应该是适当的：我们只是要在别人贪婪时恐惧，而是别人恐惧时贪婪。

● “不要把所有鸡蛋放在同一个篮子里”的谬论是错误的，投资应该像马克·吐温建议的“把所有鸡蛋放在同一个篮子里，然后小心地看好它。”

● 巴菲特说在他四十多年的投资生涯中，只有靠十二个投资决策，造就他今日与众不同的地位。

● 许多人盲目投资，从某方面来说等于是通宵玩牌，但却从未曾看清楚自己手中的牌。

● 因为我把自己当成是企业的经营者，所以我成为更优秀的投资人；而因为我把自己当成是投资人，所以我成为更优秀的企业经营者。

● 没有公式能判定股票的真正价值，唯一方法是彻底了解这家公司。

● 风险是来自于你不知道你在做什么。

● 只有退潮时，你才知道谁是在光着身子游泳。

行业与公司分析

● 企业主须了解其利益，乃来自于企业内在价值（Intrinsic Value）的成长，而不是其持有股票之短期波动。

● 所谓“市场效率学说”之类的投资教条，不过是为了增加投资的神秘性，好让投资顾问得以从中谋利罢了。

● 会计报表只是评估企业价值的起点，而非最终的结果。

● 好的企业一般都有很大的商誉，关注能实实在在为公司带来价值的大品牌。好的经济商誉会促成企业的良性循环，经济商誉会与日俱增。

● 模糊的正确胜过精确的错误：选择一个有正确的公司比在错误的公司上斤斤计较要好得多。

● 伟大企业的定义：在25年或30年仍能保持其伟大企业地位的企业。企业的价值在于它未来自由现金流的折现，重视企业所在行业、经营模式、发展前景以及企业过去是否有一个稳定的经营业绩，只有确定的前景才能估计它未来的现金流，否则，一切只能是假设。

● 特别重视消费类企业，消费企业的增长是持续的可期待的。企业要能产生现金流，而不是消耗现金流。

● 在自己能力圈内投资，只投资自己看得懂的企业，一般都是一些业务较简单的公司。

● 重大的变革和高额的回报率是没有交集的：要高度稳定的企业。好的企业不需要负债，就可以产生令人满意的经济成果。

● 管理层的品质必须值得信赖：以创造企业价值为目标，企业管理者永远应该以企业负责人的态度作为自己行事与思考的准则。理性而坦诚不跟风。

● 好的企业不要多，三个就够让你变得富有。杰出的企业会有扩张价值：

a.选择过桥收费的企业

b.选择有潜力、有前景的企业

c.选择消费者独占型企业

d.选择不用追加投资的优秀私企

● 你应该选择投资一些连笨蛋都会经营的企业，因为总有一天这些企业会落入笨蛋的手中。

● 当一个经历辉煌的经营阶层遇到一个逐渐没落的夕阳工业，往往是后者占了上风。

● 所谓有“转机”的公司，最后很少有成功的案例，与其把时间和精力花在购买价廉的烂公司上，还不如以公道的价格投资一些物美的企业。

● 经验显示，能够创造盈余新高的企业，现在做生意的方式通常与其五年前甚至十年前没有多大的差异。

● 我们判断一家公司经营的好坏，取决于其净资产收益率（排除不当的财务杠杆或会计做账），而非每股收益的成长与否，因为即使把钱固定存在银行不动，也能达到像后者一样的目的。

● 我相信，坦诚的公司的管理层会使投资人受益。那些在公开场所误导别人的CEO最终会在私下里误导自己。

● 在你雇佣人之前，你需要确认他的三项素质：正直诚实，聪明能干，精力充沛。但是最重要的是正直诚实，因为如果他不正直诚实而又具备了聪明能干和精力充沛，你的好日子也就到头了。

● 与其杀死毒龙，不如避开毒龙。

● 和一个道德品质败坏的人，无法完成一桩好交易。

● 对于企业而言，糟糕的运作加上混乱的管理，结果常常是一笔糊涂账。

● 如果我们雇用一堆比我们矮小的人，那么我们会变成一堆侏儒，但相反地若我们雇用一堆比我们高大的人，那么我们终将变成一群巨人。

● 寻找超级明星——给我们提供了走向成功的唯一机会。

● 一个二流的企业最有可能仍旧是二流的企业，而投资人的结果也可能是二流的。

● 与这群“乐在其中”并以像老板一样心态经营公司的专业经理人在一起工作真是一种享受。

● 依我们过去的经验显示，要“找到”一家好的保险公司并不容易，但要“创立”一家更难。

● 你能对一条鱼解释在陆上行走的滋味吗？在陆地上生活一天的真实感觉，胜过以言语解释它一千年，而实地亲身去经营企业也是如此。

● 所谓拥有特许权的事业，是指那些可以轻易提高价格，且只需额外多投入一些资金，便可增加销售量与市场占有率的企业。

● 有的企业有高耸的护城河，里头还有凶猛的鳄鱼、海盗与鲨鱼守护着，这才是你应该投资的公司。

安全边际构建

● 架设桥梁时，你坚持载重量为3万磅，但你只准许1万磅的卡车穿梭其间。相同的原则也适用于投资领域。

● 投资成功的关键是在一家好公司的市场价格相对于它的内

在商业价值大打折扣时买入其股份。内在价值是一个非常重要的概念，它为评估投资和企业的相对吸引力提供了唯一的逻辑手段。内在价值的定义很简单：它是一家企业在其余下的寿命史中可以产生的现金的折现值。

● 我认为投资专业的学生只需要两门教授得当的课堂：如何评估一家公司，以及如何考虑市场价格。

对市场的看法

● 每一个泡沫都有一根针在等着。当两者最终相遇，新一波的投资者会学到华尔街一条古老的教训：当投机看起来轻而易举的时候最危险。

● 人性的弱点总是充满贪婪、恐惧或者是愚蠢，这是完全可以预测的，但是我们无法预测这种人性弱点的发生顺序。

● 我在历史中学到的唯一东西就是：大众从未从历史中汲取教训。

● 当市场下跌时，你轻易地将好东西打折变卖，但是一旦市场向上，再想买回来，难之又难。

●（对于完全市场效率学说巴菲特完全不能认同，他反而感谢那些相信这种鬼话的机构投资人，让他能够占尽便宜，他说）我们实在欠缺提出这种理论的学者，就好比当我们在参加桥牌、西洋棋或是选股等斗智的竞赛中，对手却被教练告知思考是白费力气的一件事。

● 市场先生是你的仆人，而不是你的向导。

● 交易市场就像上帝一样，帮助那些自助者。但是和上帝不同的是，交易市场不会原谅那些不知道自己在做什么的人。

● 如果任何一个人准备去做任何一件蠢事的时候，股市在那里，仅仅是作一个参考值而存在。当我们投资于股票的时候，我们也是投资于商业。

● 对我来说，股市是根本不存在的。要说其存在，那也只是一个让某些人出丑的地方。

● 如果你不能确定你远比“市场先生”更加了解你的公司并能够正确估价，那么你就不能参加游戏。就像他们在纸牌游戏中说的那样，“如果你不能玩上30分钟，而且不知道谁是替死鬼，那么你就是替死鬼。”

● 我从未指望在股市中赚钱。我会设想股市在隔天关闭而在5年后开市。

● 相信有效市场投资就好比在打桥牌时认为不需看牌一样……如果市场总是有效率的，我将会流落街头，沿街乞讨。

● 我们一直觉得股市预测的唯一价值在于让算命先生过得体面一点。

● 我们欢迎市场下跌，因为它使我们能以新的、令人感到恐慌的便宜价格拣到更多的股票。

● 投资者应考虑企业的长期发展，而不是股票市场的短期前景。价格最终将取决于未来的收益.在投资过程中如同棒球运动中那样，要想让记分牌不断翻滚，你就必须盯着球场而不是记分牌。

● 我不认为包含我自己本身在内能够“成功”地预测股市短期间的波动。